¿ES JESÚS VERAZ?

[UN DIÁLOGO SOBRE DIOS, EL HOMBRE Y LA GRACIA]

JOSH McDOWELL Y DAVE STERRETT

¿Es Jesús veraz?

Publicado por Editorial Patmos
Miami, FL EUA 33169

Publicado originalmente en inglés por Moody Publishers, 820 N. Lasalle Bolulevard, Chicago. IL 60610, con el título *Who is Jesus... Really?*

Traducido por Jacqueline Stankiewicz
Diseño de portada: Wagner Leonardo Francia

ISBN: 978-158802-668-2
Categoría: Apologética
Impreso en Brasil
Printed in Brazil

Dedicado al doctor Robert Saucy,
Mi profesor y mentor durante 3 años.
Que siempre me desafió a amar a Jesús, estudiar las Escrituras y perseguir la verdad.

—Josh

Dedicado a David Gilbert, Michael Gilbert, y Bill Sterrett.
Estos tres hombres, que aman a Cristo, me han desafiado a compartir el amor de Dios con los demás.

—Dave

CONTENIDO

Uno

ENFRENTAMIENTO EN LA CAFETERÍA

Fines de septiembre
Dallas, Texas

EL AUDITORIO estaba lleno de gente. Cientos de estudiantes, profesores, y donantes habían acudido a la cena humanitaria, y el doctor William Peterson, Profesor emérito en *Opal School of Religion*, estaba a punto de dar el discurso de apertura. Ovacionado por el público, pasó al escenario, acomodó sus notas sobre el atril, e hizo contacto visual con amigos.

"Gracias por tan grata bienvenida. Sinceramente, los estudiantes que organizaron este evento se merecen todo el reconocimiento y en unos instantes le pediré a uno de ellos que me acompañe aquí arriba. Antes que nada, déjenme destacar un evento importante que está por suceder aquí en la escuela de religión.

"Tenemos el placer de anunciar una nueva serie de conferencias muy interesantes titulada *El Cristo histórico: Podría ponerse de pie el verdadero Jesús*, que comenzará el 8 de Octubre, aquí mismo en el auditorio Wesley. Tres profesores, incluso dos de los nuestros, van a explorar y a debatir la historicidad de Jesucristo. Esto es algo que no se querrán perder."

Nick, que estaba sentado en la mesa de adelante, miró a su amigo e instructor, Jamal Washington, y le hizo un gesto en forma de aprobación. Jamal sería uno de los oradores mencionados, y Nick no podía esperar más a que lo fuese.

El doctor Peterson pasó a reconocer varios grupos de estudiantes que habían pasado sus meses de verano trabajando con huérfanos y con refugiados en países subdesarrollados. Luego, mirando hacia la derecha, invitó a una de esas estudiantes, Jessica Friesen, para que subiese con él a la plataforma, y describiera la campaña humanitaria de este año liderada por estudiantes. El corazón de Nick latía con fuerza mientras Jessica atravesaba el escenario. Lucía *deslumbrante*. Notó lo bien que se veía su cabello cuando lo usaba suelto, y que ella estaba realmente en forma, seguramente debido a su entrenamiento para la maratón. Estaba boquiabierto. *Si tan solo hubiera actuado diferente quizás ella seguiría interesada en mí,* meditó. *¿Quizás tendría que haber...eh?*

Su amigo Jared le estaba pasando una nota bajo el codo. Él la abrió y la leyó:

—¡Oye, Tontito! ¡Cierra la boca!

Nick le sonrió, y luego volvió su mirada hacia Jessica. Ella estaba completamente cambiada desde que había puesto su fe en Jesucristo hacia cinco meses. De lo único que hablaba era de Jesús. Nunca más se emborrachó con las chicas en los bares de McKinney y Lower Greenville. Hasta lo rechazó una noche que él la había invitado a cenar comida tejana-mexicana. ¿A qué se debía eso? A ella le *encantaba* la comida tejana-mexicana. Nick se ofendió por la forma en que lo había rechazado, ya que parecía tratarse de algo personal. Aunque ella demostraba una gratitud genuina por su influencia en haberla encaminado a confiar en Cristo, cuanto más crecía en su relación con Dios, menos tiempo se hacía para su relación con Nick.

La realidad es que *estaba* ocupada. Entre las diecinueve horas de créditos que le quedaban cumplir, tener que liderar el proyecto de Sudan para chicas, y tener que entrenar para la maratón, el único momento en que la veía era en el estudio bíblico semanal del campus llamado *Yo Soy Segundo*. Se sentía perplejo. Hace algunos meses era él quien se resistía a tener una relación amorosa debido al desinterés en el cristianismo de Jessica. ¡Ahora ella lo esquivaba a él! Simplemente no tenía sentido.

Jessica cerró su discurso con una historia sobre los estudiantes de Ópalo que habían viajado a Sudan durante el verano. El público se conmovió con su sensibilidad y respondió con un fuerte aplauso, alentándola mientras ella regresaba a su lugar.

A lo largo de la conferencia del doctor Peterson, Nick miraba a Jessica y reflexionaba sobre los momentos que habían pasado juntos. Hubo un instante cuando los ojos de ella se encontraron con los de él y sonrió ligeramente antes de volver su mirada al profesor Peterson. Ella parecía estar enfocada en su tarea, y Nick sintió que debería estar pensando más en los niños de Sudan.

Dos

JESÚS CAMBIA A LAS ESTRELLAS DE ROCK

ERA MARTES A LA NOCHE y doscientos estudiantes estaban amontonados en la cafetería McCulloth para el estudio bíblico semanal de *Yo soy Segundo*. Luego de varias canciones de adoración de la banda, Nick se subió al escenario mientras los demás buscaban un lugar donde sentarse. Tenía puesta una camisa negra con unas llamativas letras blancas que declaraban *Yo soy Segundo*. Agarró el micrófono y habló con claridad y confianza.

"¡Yo soy segundo, y tú también lo eres! ¡Somos segundos porque *Jesucristo es primero*!" con tan sólo esas simples palabras los estudiantes comenzaron a aplaudir con mucha energía. Una cosa era cierta, a este grupo no le faltaba entusiasmo."

Nick continuó:

"Antes de que les mostremos el video de esta semana, les voy a leer una de las descripciones más destacadas de todos los tiempos escritas sobre Jesucristo. Es de la carta del Apóstol Pablo a los Colosenses."

> Él es la imagen del Dios invisible, el primogénito de toda creación, porque por medio de él fueron creadas todas las cosas en el cielo y en la tierra, visibles e invisibles, sean tronos, poderes, principados o autoridades: todo ha sido creado por medio de él y para él.
> Él es el anterior a todas las cosas, que por medio de él forman un todo coherente.
> Él es la cabeza del cuerpo, que es la iglesia.
> Él es el principio, el primogénito de la resurrección, para ser en todo el primero.
> Porque a Dios le agradó habitar en él con toda su plenitud y, por medio de él, reconciliar consigo todas las cosas, tanto las que están en la tierra como las que están en el cielo, haciendo paz mediante la sangro que derramó en la cruz.[1]

Ni bien Nick terminó de leer, Jessica subió al escenario y guió a los estudiantes en una oración. Cuando dijo: "Amén," bajaron las luces y comenzó el video de *Yo soy Segundo.* Nick estaba emocionado. *¡Sin duda esta poderosa historia recibirá muchos comentarios!*

El video comenzó con una música espeluznante. En él se veía un cuarto completamente oscuro. Una extraña luz brillaba sobre una silla blanca, y la voz de Brian "*Head*" [Cabeza] Welch, ex guitarrista principal de la banda Korn, se oía de fondo. Luego aparecía él en la silla, rodeado por la oscuridad, y lleno de tatuajes, entre los cuales había un tatuaje de una pequeña cruz por fuera de su ojo derecho. Los estudiantes se mantuvieron callados mientras Welch contaba su historia con gran sinceridad:

> Hubo un par de momentos en que la vida parecía buena. Mi hija Jenna vino al mundo y eso fue una sensación eufórica. Pensaba que mi vida podía sentirse así para siempre. Pensaba que era "espiritual", pero no podía mantenerme sobrio.
> Había tocado fondo. Había jurado que no consumiría metanfetaminas nunca más porque vi lo que le había hecho a la madre de mi hija. Le quitó todo sentimiento a mi esposa e hizo que dejara a su hija. Yo sólo quería que mi esposa se muriera. La quería matar. Pensaba que ella era la hez de la tierra. ¿Cómo podía consumir drogas así y dejar que las drogas la controlaran de esa forma? Por esa razón nunca más iba a consumir metanfetaminas.
> Terminé con una adicción diaria a la metanfetamina que me paralizaba y todo lo que había dicho sobre mi ex esposa se hizo realidad para mí. Caí en el lugar más bajo que jamás me hubiese imaginado. Solía pasar tiempo con mi hija y aun du-

rante esos momentos estaba bajo el efecto de las drogas porque las necesitaba para poder funcionar. Me levantaba a la mañana, comía un sándwich de mantequilla de maní y jalea e inhalaba metanfetamina y después de eso la llevaba a la escuela. Era un drogadicto. Mi vida estaba totalmente fuera de control. Jenna había ido a uno de los tours con nosotros. Recuerdo que ella brincaba mientras cantaba una de nuestras canciones de Korn que se llamaba "T.E.D.S.C.S". "Todo El Día Sueño Con Sexo". Y yo me preguntaba, *¿Qué es lo que estoy haciendo? Soy un drogadicto, mi hija canta "Todo el día sueño con sexo y me voy a morir."*

Mi agente inmobiliario, Eric, me dijo:

"Brian, no es mi intención ser raro contigo. Espero que no tomes esto a mal, pero sentí que la Biblia me habló. Jamás hice algo así, ni sé cómo explicártelo, pero me pareció que esto significaría algo para ti. Es Mateo 11:23 donde Jesús dice: 'Vengan a mi todos ustedes que están cansados y agobiados, y yo les daré descanso'."

Recuerdo buscar nerviosamente en el diccionario "Agotado". Busqué "Agobiado" y de tanto buscar deshice la Biblia. Admití "que yo estaba agotado y agobiado y que necesitaba un descanso para mi alma". No sabía si era algo real, pero ellos me invitaron a que asistiera a la iglesia. Algunas semanas después hice una oración para aceptar a Jesús como mi salvador en la iglesia pero después regresé a mi casa tal como solía hacerlo siempre. Descuidaba a

> mi hija, preparaba la droga convirtiéndola en polvo. Pero antes de consumirla, oraba: "Jesús, tienes que quitar estas drogas de mi vista. Examíname en este preciso instante. Escudriña mi corazón."
>
> Algo había sucedido. Sentí muchísimo amor paternal que venía del cielo y era como si me dijera: "No te condeno. Te amo. Te amo." Simplemente, era un amor puro y en tan solo un instante ese amor de Dios invadió mi vida. Era tan poderoso que al día siguiente arrojé a la basura todas las drogas que tenía y dejé la banda Korn. Dije: "Voy a dejar la banda y voy a criar a mi hija de la mejor manera posible." El amor que Dios me daba, me cambió a mi y se lo transmitía a mi hija. Mi corazón había cambiado y yo le decía a mi hija: "Jenna, papi va a estar contigo en casa todo el tiempo. Voy a dejar mi carrera." Se le iluminaba el rostro y me decía: "¿Por mí?" Se sentía súper especial. Dios la usó para salvarme…y para salvar la vida de ella más adelante.[2]

Nick volvió a subir al escenario a medida que se encendían las luces. Llevaba una pequeña Biblia de cuero en la mano y eligió sus palabras con mucho cuidado.

"Quizás tú también te sientes agotado y agobiado. Si todos estuviésemos dispuestos a ser honestos, la mayoría de nosotros nos hemos sentido agotados. El año pasado, al menos para mí, fue un año de trasnoches, desvelos, y desconciertos en mi vida personal. Incluso ahora me cuesta elegir entre divertirme o hacer las cosas bien en la universidad…sin mencionar que soy completamente adicto a la cafeína. Todo estudiante sabe lo que es estar agobiado, y tener que cargar con demasiadas cosas. Si en este momento tu te sientes así, hay algo que debes saber. No tienes que tener todo resuelto antes de entregarle tu vida a Jesús.

"Quizás te sientes identificado con Brian Welch. La metanfetamina es algo extremadamente complicado. Pero también lo es beber en extremo, o hacer *cualquier cosa* en extremo. Has escuchado lo que él dijo con respecto a cómo obtener tu libertad.

"O quizás has visto el video completo y has pensado: "Yo no soy perfecto, pero tampoco tengo *ningún* problema tan grave como los que tenía ese chico. Soy una buena persona que vive de una buena manera y soy bueno con Dios. ¿Para qué rendirle mi vida a Jesús?"

"Déjame hacerte algunas preguntas: ¿Alguna vez has mentido? Nick sonrió. Sí, yo también. El problema es que eso nos convierte a tí y a mí en *mentirosos*.

¿Alguna vez has sentido lujuria en tu corazón? ¿Y qué me dices de tus ojos? ¿Alguna vez han mirado a alguien con codicia? Jesús dijo que cualquiera que desea a una mujer codiciándola ha cometido adulterio en su corazón. Antes de recibir a Cristo en mi corazón el año pasado, yo miraba pornografía todo el tiempo. Créeme, sé lo que es emborracharse y tratar a las chicas irrespetuosamente. ¿Y qué me dices de esto? ¿Alguna vez has odiado a alguien? Jesús dijo que cualquiera que odia a su hermano o hermana ha cometido asesinato en su corazón. Eso nos convierte a todos nosotros en asesinos adúlteros y mentirosos. Puedes comprobar todo esto en el Evangelio de Mateo, capítulo cinco.

"Todos nosotros hemos hecho cosas buenas, y la mayoría de nosotros vivimos con las mejores intenciones. Pero comparado con la infinita bondad y santidad de un Ser Perfecto, ni siquiera nuestras mejores acciones se asemejarán. Existe sólo una manera de ser lo suficientemente bueno como para pararse frente a un Dios santo. Tienes que dejar que te perdone. Hoy puede ser el día en el que recibas a Cristo como tu Salvador. Él pagó por tus pecados con su muerte. Acepta ese regalo y haz que él sea tu prioridad.

"Este es el momento perfecto para tomar una decisión sobre Jesús. Nadie nos asegura que haya un mañana. Supongamos hipotéticamente que salgas de aquí esta noche y te atropelle un conductor ebrio. Al pararte delante de Dios para rendir cuentas de tu vida, ¿Te pararás con culpa...o inocente? ¿Crees que te irías al cielo...o al infierno? Si no conoces a Jesús, te animo a que hables con Él en este mismo momento. Confiesa tus pecados, acepta su perdón, y deja que Él tome control sobre tu vida. ¡Él murió en tu lugar, te perdonará y te limpiará de todo tu pecado!"

Tres

LA SORPRESA

EN EL MOMENTO QUE NICK terminó de hablar, una vieja amiga y compañera de clase se puso de pie y gritó:

–¡Eso es sólo tu opinión, Nick!– Tenía puesta una camiseta llamativa que decía en letras resaltadas: "*Probablemente no haya un Dios, entonces deja de preocuparte y disfruta la vida,*" y todos se quedaron mirándola.

Nick se quedó sorprendido, pero se repuso rápidamente.

–¿Andrea? ¿Qué estás haciendo? ¿Qué quieres decir con eso? Sabes que lo que dije es más que mi opinión. Cada parte de lo que dije corresponde a una realidad histórica. ¿En qué se basa tu opinión?

Inmediatamente otro estudiante se puso de pie, este tenía puesta una camiseta negra con la palabra *Ateo* escrita en letras rojas.

—¡Jesucristo era un hombre! ¡Nada más que eso! ¿Qué te hace pensar que Jesús era mejor que cualquier otro maestro?

Nick se dio vuelta para mirarlo y le dijo:

—Tienes razón Jesús *era* un hombre. Pero Él también era Dios, y demostró sus declaraciones de deidad a través de su resurrección.

Otro estudiante gritó:

—¡Oye Nick, te han lavado el cerebro!

Nick, que estaba comenzando a irritarse, le dijo:

—¿Cómo te llamas?

El estudiante no respondió, entonces Nick insistió.

—Tú, el que me dijo que me han lavado el cerebro. ¿Cómo te llamas?

Jessica oraba en silencio: *Señor, dale paciencia a Nick.*

—Me llamo Sam, —respondió el estudiante.

—Bueno, Sam. Explícame cómo es eso de que me han lavado el cerebro.

—Jesucristo sólo era un hombre, y eso es todo. Un maestro que hacía el bien y a quien lo seguían algunas personas mal informadas e ingenuas, como tú. Esas personas le atribuyeron escandalosas habilidades sobrenaturales.

Nick le contestó:

–¿Por qué piensas que tantas personas le atribuyeron un poder sobrenatural?

Sam no respondió porque interrumpió el muchacho con la camiseta de ateo.

–Muy pocos libros, si es que hay alguno, escritos en ese entonces mencionaban su divinidad. Puede que Jesús haya sido un muchacho popular, pero no hay ninguna seguridad que era divino.

Nick estaba bajo los efectos de la adrenalina.

–Realmente no tienes ningún fundamento para decir lo que estas afirmando, y encima yo le estaba haciendo la pregunta a Sam.

Sam gritó:

–¡Jesús ni siquiera era un buen maestro! Era un idiota con pretensiones de poder, que engañaba a los ingenuos con adivinanzas y que condenaba al infierno a todo aquel que no estaba de acuerdo con él.

Nick miro a Sam.

–Antes que nada te estás contradiciendo. Acabas de decir que Jesús fue un maestro que hacia el bien. También dijiste que era un idiota que enseñaba adivinanzas, y sin embargo la gente le atribuía habilidades sobrenaturales. Si Jesús era un idiota ignorante, ¿Por qué los testigos le atribuían los milagros a Él?

–¡Sólo eres un cristiano supersticioso! –gritó otro alumno enojado–. ¡Nosotros no creemos en Dios, serpientes que hablan, nacimientos virginales o unicornios!

Las cosas se estaban descontrolando. *¿Andrea trajo aquí a todo el club ateo sólo para interrumpirme?* se preguntaba Nick. Luego se le ocurrió una idea.

“Amigos, yo entiendo por qué algunos de ustedes están enojados. Yo me sentía igual cuando era agnóstico. No podía ni siquiera soportar la idea de pensar en Dios. Lo entiendo. Pero se nos está acabando el tiempo. Entonces déjenme pedirles algo: No interrumpan más la reunión de esta noche. Podemos dialogar sin tener que agredirnos verbalmente. De hecho, en tres semanas estamos organizando un foro con uno de nuestros profesores, Jamal Washington, donde hablaremos de la identidad del Cristo histórico. Jamal, que es teísta, estará acompañado por el doctor Jurgen Hitzfield, historiador de la iglesia agnóstica, y por el doctor Franck Gouffran, filósofo ateo de ciencias. Los invito a que vengan a este foro. Por ahora, voy a cerrar con una oración y luego la banda nos va a despedir con un par de canciones más. Les pido que por favor sean respetuosos y que no me interrumpan. Además, Andrea, ¿podrás conversar conmigo después?

El rostro de Andrea permaneció sin expresión, y cuando la banda terminó de tocar ya se había ido. Nick esperaba que Mina o Jessica se relacionaran con ella, pero parecía como que estaba sufriendo y no tenía ganas de hablar.

Se fue de la cafetería frustrado porque no había podido dar mejores respuestas y porque no había manejado muy bien al grupo ruidoso. También se sentía culpable por su mala actitud.

Cuando se iba, lo detuvo un hombre joven que sostenía un casco de moto.

–Oye Nick, –mi nombre es Brett–. ¿Te puedo hacer una pregunta?

–¡Por supuesto!

–Me gustó el video de *Yo Soy Segundo*. ¿Pero crees

que podamos encontrarnos en algún momento y hablar de estas cosas?

–Sí, me encantaría encontrarme contigo. Dime qué sucede.

–Antes que nada, te quiero pedir disculpas por mis groseros amigos ateos. Tengo mis propias dudas y preguntas, pero no deberían haber arruinado tu reunión.

–Está bien, –dijo Nick–. Los cristianos a veces pueden ser bastante groseros también.

Brett asintió.

–De todos modos, yo soy estudiante de biología, me estoy preparando para ingresar a la carrera de medicina y tiendo a ser lógico en mi forma de pensar. No me crié en Texas como estos chicos que sabían muchísimo de la Biblia. Mi padre enseñaba en el *Massachusetts Institute of Technoloy* [Instituto de Tecnología de Massachusetts] y nos educó para que evitemos la fe ciega y emocional. Aunque la historia de Brian Welch es buena, no me parece que un testimonio personal cuente demasiado. Historias como las de él no tienen ningún valor real para la gente excepto para los cristianos, y cosas así sólo sirven para reforzar lo que ustedes ya creen. Es partidismo cristiano.

–Lo que dices tiene sentido, – dijo Nick–. Yo estoy de acuerdo con el hecho de que un testimonio personal no sea el argumento intelectual más fuerte para Dios, pero no diría que no tiene ningún valor real en la realidad.

–Nick, a ti te importa porque eres cristiano, pero para la gente como yo que tiene una perspectiva lógica, racional y científica no le sirve para nada.

Nick hizo un gesto hacia las mesas y las sillas de afuera.

–¿Tienes un minuto para hablar?

Cuatro

UN ESCÉPTICO QUE QUIERE EVIDENCIA HISTORICA

—¿NICK, SI YO TE DIERA un video de la Madre Teresa en el que ella expresa sus dudas y como nunca podía sentir a Dios en su vida, cambiarías de parecer? Si no lo harías, demostrarías que estoy en lo cierto. Mira, podrías mostrarme un video de Richard Dawkins convirtiéndose en un cristiano y diciendo: "Jesús está primero y yo segundo", y no me impresionaría en lo más mínimo. Como dijo Christopher Hitchens, los evangelios fueron escritos por varios autores, y ninguno fue publicado hasta muchos años después de la Crucifixión y que no puedan estar de acuerdo con algo de

importancia."[3] Nick, si realmente quieres que crea en este Jesús tuyo, tendrás que darme pruebas históricas. Y aún así seré un escéptico de todos los supuestos milagros y de esa cosa de que "Jesús es Dios".

–¿Por qué serías escéptico aunque te diera pruebas históricas? –le preguntó Nick.

–Porque las pruebas históricas solo demostrarían que Cristo fue un hombre de la historia, lo cual es cuestionable. Como dijo Bertrand Russell: "Históricamente, es bastante dudoso si Cristo alguna vez existió y si lo hizo, sabemos muy poco acerca de él."[4]

–Brett, estoy seguro que sabes que Russell fue un matemático, no un historiador. Incluso creo que Hitchens evita muchas pruebas históricas debido a su tendencia anti-sobrenatural. Y a pesar de lo que dicen Hitchens y Russell, en realidad hay una abrumadora cantidad de pruebas de que Cristo fue un hombre de la historia. Me encantaría poder hablar contigo de eso, pero no soy ningún experto. Hace menos de un año yo aún era un escéptico, y estoy casi seguro de que no voy a poder responder todas tus preguntas. ¿Estarías dispuesto a reunirte con algunos de mis amigos también? Ellos me ayudaron en mi búsqueda de respuestas el año pasado.

Brett recogió su casco.

–Quizás. ¿Por qué piensas que me darán mejores respuestas que las tuyas?

–Ellos han estado investigando esto durante mucho más tiempo que yo. Jamal está trabajando en su doctorado y dando cursos para universitarios. Mina es una estudiante de derecho de primer año y tiene un título de filosofía.

Ya han publicado algunas de sus obras y ella es brillante. Andrea los conoce a los dos, así que quizás le puedes pedir que nos acompañe, junto con algunos de sus amigos ateos.

Nick sonrió.

–Nos podemos encontrar en la cafetería Caruth Haven los miércoles a la noche. ¿Qué te parece si nos juntamos mañana a la noche?

–Me parece bien. Llamaré a mis amigos, los estudiantes de postgrado del club ateo, y les pediré que nos acompañen.

Esa noche, Nick llamó a Jessica, Jamal y a Mina. Brett llamó a Scott, un estudiante del doctorado de historia, y a Lauren, una estudiante de tercer año de medicina. Todos estuvieron de acuerdo en ir.

Cinco

ANDREA

DESPUÉS DE LA LLAMADA DE NICK, Jessica y Mina oraron para que Andrea estuviese abierta a unirse al grupo la noche siguiente. Mina oró: "Señor, muéstrale a Andrea cuánto la amas. Muéstrale que la conoces personalmente y que te apasiona tener relación con ella. Padre Celestial, a Andrea la han lastimado y ahora ha decidido no creer en ti. Por favor abre su corazón y su mente. En el nombre de Jesús, amén."

Durante el verano Andrea pasó a ser completamente atea y perdió todo interés en tener charlas espirituales con

Nick, Jamal, Mina y Jessica. Nick se preguntaba si tenía algo que ver con la muerte del primo de ella varios meses atrás, pero Andrea dijo que tenía que ver con el hecho de darse cuenta de la realidad. Nick todavía la quería como amiga, y él, Jessica y Mina seguían tratando de juntarse con Andrea. Hace dos domingos, Andrea había ido con ellos a la casa de Jamal a ver el partido de fútbol. Parecía estar más relajada de lo habitual, pero tampoco habían hablado mucho de Dios.

Seis

MIÉRCOLES A LA NOCHE EN LA CAFETERÍA CARUTH HAVEN

LA CAFETERÍA CARUTH HAVEN es la cafetería más grande de Dallas. Y a pesar de tener cuatro amplias salas y un patio siempre está llena de estudiantes universitarios. Incluso a las 2:00 de la madrugada es normal ver a algunos alumnos de postgrado estudiando y a otros esperando que se les vaya la borrachera luego que cierran las discotecas.

Jamal llegó unos minutos tarde y todos se dieron vuelta para verlo entrar. A las jóvenes universitarias les parecía buen mozo y sonreían entre ellas. Cuando Jamal por fin se acercó a la mesa de ellos, con un café en la mano, Nick los presentó a todos. Andrea había llegado con Mina y Jessica, y Brett llevó a sus amigos ateos, Scott y Lauren. Nick se sintió un poco intimidado al ser el más joven allí, pero también tenía ganas de aprender de la interacción que habría entre ellos.

—La razón por la cual todos estamos aquí es porque mi nuevo amigo, Brett, pidió que tengamos una conversación sobre Jesucristo como un hombre de la historia. Yo no me siento preparado para responder preguntas sobre ese tema, entonces le pedí a Jamal y a Mina que nos acompañaran ya que ellos me ayudaron con mis propias preguntas el año pasado. Brett, ¿porque no comienzas tú y nos explicas lo que tienes en mente?

—Seguro.

Al dirigirse a Jamal, Brett dijo:

—Le había mencionado a Nick que ateos destacados como el difunto Bertrand Russell y Christopher Hitchens dudan de la historicidad de Jesucristo abiertamente. Hitchens hasta se refiere a su existencia como "muy cuestionable".[5] ¿Cómo sabemos realmente que Cristo existió?

—Buena pregunta, Brett. Déjame explicarles porque yo creo que tanto Hitchens como Russell están equivocados. Mientras los historiadores han debatido si algunas otras figuras de la antigüedad, como Homero, existieron o no, hay una unanimidad general de que Cristo fue una persona real. Si uno cree en la existencia de Sócrates, Alejandro Magno o Julio César, entonces uno definitivamente debería creer en la existencia de Cristo. Si la historicidad es establecida por registros escritos en varias copias que tienen fecha originalmente de fuentes contemporáneas cercanas, hay muchas más pruebas históricas para la existencia de Cristo que para la de cualquiera de ellos. La historicidad de Cristo está atestiguada no sólo por cristianos sino que también por fuentes griegas, romanas y judías.[6]

Lauren, la amiga de Brett de la facultad de medicina, se arrimó y puso su bebida en la mesa.

–Espera un segundo. Yo pensé que con ustedes los cristianos todo se trataba de la fe.

Jamal le respondió:

–Lauren, no cabe duda que muchos cristianos tienen una fe ciega. Por suerte, no fue así con los grandes pensadores como Anselmo y Aquino. El fundamento de la fe cristiana es un hecho real: la resurrección histórica de Jesucristo. Pablo les escribió a los cristianos en la cuidad de Corinto: "y si Cristo no ha resucitado, nuestra predicación no sirve de nada, como tampoco la fe de ustedes."[7]

Jamal continuó diciendo:

–Brett, el doctor Otto Betz, un historiador brillante, una vez dijo: "Ningún erudito serio se ha atrevido a postular la no historicidad de Jesús."[8]

–Jamal, –interrumpió Andrea–. En realidad no importa si Jesús fue un hombre de la historia o no. Y si hubiera existido, Él no era Dios. Sólo era un gran maestro o un fanático.

Suena como que Andrea está pasando demasiado tiempo con Sam, pensó Nick.

–Bueno, Andrea, sigamos hablando de ese tema por un minuto. Tú te referiste a Jesucristo como un gran maestro o un fanático. Considerémoslo como un maestro. En realidad Él era un profundo filósofo y comunicador. Los primeros apologistas sostenían que la belleza y el esplendor de su enseñanza superaron a la de Sócrates, Platón y Aristóteles. Yo estoy de acuerdo con las observaciones de Dinesh D´Souza, investigador de la Universidad Stanford, que señaló que aunque Shakespeare sea el mejor autor de obras dramáticas de la lengua inglesa, "No existe ningún personaje en las obras de Shakespeare que se puedan igualar a la elocuencia de Cristo."[9] Piensa en todas las expresiones populares que fueron dichas por Cristo. *Por sus frutos los conoceréis. Dónde está tu tesoro, allí también estará vuestro corazón. Perdona nuestros pecados como también nosotros perdonamos a los que pecan contra nosotros. Dale la otra mejilla. No sólo de pan vive el hombre. Benditos sean los mansos, porque ellos heredarán la tierra. El que hallare su vida, la perderá; y el que pierda su vida por mí, la encontrara."*[10]

Scott, el estudiante de doctorado, interrumpió.

–Jamal, quizás Jesús fue un gran maestro, pero como he estudiado historia, creo que la sociedad estaría mucho mejor sin los seguidores de Cristo. Cuando pienso en el impacto que ha tenido el cristianismo en la sociedad, pienso en las peleas en nombre de la religión, el odio hacia las mujeres y los grupos minoritarios y en los intentos de sofocar el avance de la ciencia y la academia.

–No cabe duda alguna que han sucedido cosas malas y que se han defendido dichas cosas en el nombre de Cristo,– dijo Jamal–. Scott déjame hacerte una pregunta. ¿Tú crees que la raza humana es buena o mala?

–Buena, dentro de todo, –respondió Scott–, yo creo que tu Dios es el que es malo.

Andrea abrió su computadora portátil.

–Scott, yo estoy de acuerdo contigo. La fuente del mal son Dios y la religión. Jamal y Nick, déjenme leerles una de mis citas preferidas de Richard Dawkins. Esto es de su libro *El espejismo de Dios*. Probablemente la hayan oído. "Podría decirse que el Dios del Antiguo Testamento es el personaje más desagradable de toda la ficción; celoso y orgulloso de serlo; un fanático del control mezquino, injusto e implacable; un limpiador étnico vengativo y sediento de sangre; un matón caprichoso y malévolo, misógino, homofóbico, racista, infanticida, genocida, filicida, pestilente, megalómano, sadomasoquista.[11]

Mina dijo:

–Andrea, a mi me parece que seguramente estarías de acuerdo con la mayoría de los "Nuevos Ateos" en pensar que los seres humanos son básicamente buenos. ¿Tengo razón, verdad?

Andrea asintió.

–No veo como eso puede tener un sentido lógico. Por ejemplo, si Richard Dawkins dice que este ser perverso llamado Dios sólo es ficción–¿Entonces quien es el responsable por los males de la religión? Si Dios no existe en la realidad, entonces es la humanidad la que crea estas religiones perversas. ¿Por qué te enojarías con Dios si Él es sólo un personaje de ficción? ¿Y cómo puedes justificar la bondad de la humanidad después de todos los asesinatos que han sucedido a lo largo de la historia?

–¡Porque la mayoría de los asesinatos fueron llevados a cabo por aquellos que creen en Dios!

–En realidad eso no es cierto históricamente, –respondió Mina–. Pero dejemos eso a un lado por un minuto y supongamos que *todos* los asesinatos de la historia se llevaron a cabo por una persona que creía en Dios. ¿Qué base tiene el ateo para el optimismo? Igualmente esos asesinatos se siguen haciendo por *personas*, por la raza humana, independientemente de la ficción en la que crean.

–Yo creo que necesitamos aceptar a la ciencia, no a Dios, –comentó Lauren.

–¿Y porque no ambas cosas? –preguntó Mina–. Me encanta la ciencia pero tiene sus limitaciones. La ciencia puede hacer observaciones sobre el mundo físico, pero no puede responder preguntas simples sobre la moral o la bondad. ¿Nos ha ayudado el avance de la ciencia a ser más pacíficos durante los últimos cien años? Casi nada. A lo largo de la historia los seres humanos siguen haciéndose cosas malas entre sí. Tal vez esa sea la razón por la que el ateo Stephen Hawking cree que para que la raza humana pueda sobrevivir, debemos extendernos a otros planetas.

–Quizás no sea una mala idea, –dijo Andrea.

Mina continuó:

–Andrea, volviendo a tu comentario respecto a que la mayoría de los asesinatos son cometidos por aquellos que creen en Dios, quizás tendrías que tener en cuenta lo que ocurrió durante los últimos cien años. Los regímenes ateos de Stalin, Hitler y Mao asesinaron a más de cien millones de personas. Las muertes causadas por los fanáticos religiosos a través de cientos de años es menos de un uno por ciento de las que fueron causadas por los males del ateísmo.[12] Yo sé que existen blogueros ateos que dicen que Hitler era cristiano, pero históricamente eso es una tontería. El mismo Hitler dijo: "A través del campesinado vamos a poder destruir al cristianismo."[13] De hecho, él culpaba a los judíos por haber inventado el cristianismo.

–Entiendo que Hitler no era un verdadero cristiano –dijo Scott–. Me imagino que mis amigos ateos que son blogueros se refieren a su pasaje "Estoy luchando por el trabajo del Señor" de Mein Kampf.[14] Bastante convincente hasta que te das cuenta de que es todo propaganda diseñada para influir a las masas. Aún así, creo que el mundo sería mejor sin el cristianismo.

–Me sorprende oírte decir eso, Scott, –respondió Mina–. Como estudiante de historia, seguramente sabes cuánto bien ha ocurrido en nombre del cristianismo.

–Jesús y sus seguidores no le aportaron nada bueno a la sociedad, –espetó Andrea.

–Vamos, Andrea, todo el mundo sabe que eso no es verdad, –dijo Mina.–Hasta Dawkins admite que la ciencia nació de la religión. El difunto doctor D. James Kennedy, que obtuvo su doctorado de la Universidad de Nueva York, documentó en uno de sus libros que si Cristo nunca hubiese nacido, nuestro mundo sería muy diferente.[15]

–En primer lugar, el cristianismo ha elevado el valor de la vida humana. Por ejemplo, en las clásicas Roma y Grecia; ¡El infanticidio no sólo era legal, era aplaudido por algunos líderes! Fue la iglesia cristiana primitiva que finalmente puso un fin al infanticidio. El cristianismo siempre ha tenido un alto concepto de los niños, hasta de los no nacidos.

–Otra vez con tu charla en contra del aborto–se interpuso Lauren–. El cristianismo no valora la vida humana, deshonra a las mujeres y siempre lo ha hecho.

—Eso no es del todo certero—Lauren—dijo Mina—. Scott, siéntete en libertad de corregirme si me equivoco en esto, pero en las culturas antiguas, la mujer era propiedad de su marido. Aristóteles dijo que una mujer estaba en algún punto entre ser un hombre libre y un esclavo. En algunos lugares de la India, se quemaba a las viudas en las piras funerarias de sus maridos. Lauren, si te fijas en la historia, encontrarás que los misioneros cristianos fueron una gran influencia para detener las prácticas e ideas de esos viejos siglos.

—Tengo una pregunta respecto a eso—dijo Brett—. Los cristianos hablan a menudo de toda la compasión que tienen por la gente, ¿Pero qué pasa con todos los padres fundadores de los Estados Unidos de América que profesaban ser cristianos y tenían esclavos? ¿Cómo explicarías eso?

—¿En dos minutos o en doce horas?—preguntó Jamal.

Todos se rieron, lo cual rompió un poco la tensión natural de la discusión. Varios de ellos regresaron al mostrador para poder volver a llenar sus vasos de bebida, y Jessica oró en silencio por Andrea. Nick y Brett se dirigieron hacia el baño.

—¿Cómo estás de tiempo?—le preguntó Nick.

—Bien todavía—dijo Brett—. Esto es interesante, aunque algo desperdigado. Tus amigos saben de lo que hablan. Oye, yo quise preguntarte ayer cuando surgió su nombre. Jamal es…

—¿De Notre Dame? —interrumpió Nick.

Brett asintió

—Sí es él. Te diré algo, él también tiene una historia increíble. Escúchala, a no ser que pienses que los testimonios son una pérdida de tiempo. Nick sonrió y Brett le golpcó el brazo.

Siete

JESUCRISTO COMO UN HOMBRE DE LA HISTORIA

DE NUEVO EN LA MESA, Jamal retomó la conversación donde la habían dejado.

–Por lo general las personas se sienten cómodas con lo que están acostumbradas. Siempre hubo cristianos comprometidos que viven y participan dentro de los sistemas sociales destruidos. No estoy orgulloso de eso y no lo voy a negar. Algunos de mis antepasados fueron esclavos en América, con lo cual he pensado seriamente en esto. Sin embargo, aún más notable que los cristianos que tenían esclavos, ya sea en los Estados Unidos o en el Imperio Romano del Nuevo Testa-

mento, es el hecho de que en gran parte se le puso un fin a la esclavitud debido a los activistas cristianos. Por ejemplo, los historiadores le dan crédito al evangélico británico William Wilberforce por haber sido la fuerza principal detrás de la finalización de la trata de esclavos internacional, justo antes de la guerra civil Americana. Dos tercios de los miembros de la sociedad americana de la abolición en 1835 eran ministros cristianos.

–Sigo sosteniendo que las enseñanzas de Jesús han suprimido a las mujeres, a la educación y a la ciencia, –dijo Andrea.

Obvio que creas así, pensó Nick.

Señor, por favor afirma Tu amor por ella, oraba Jessica. *Por alguna razón ella cree firmemente en esto.*

Antes de responder Mina hizo una pausa. Ella no quería invadir los comentarios de Andrea, pero no *estaban* bien fundamentados.

–¿Sabes que prácticamente todas excepto una de las primeras 123 universidades en América colonial originalmente eran instituciones cristianas? Muchos de los fundadores de la ciencia moderna eran cristianos. Hombres como Kepler, Boyle, Pascal, Pasteur, Newton y varios más. Ahí no había demasiada supresión.

–Aguarden un segundo, –dijo Nick, con una voz bastante alta–. Mina a pesar de las cosas hechas en el nombre de Cristo, sean buenas o malas, creo que deberíamos regresar a nuestra conversación original acerca de la identidad del verdadero Cristo histórico. Yo tenía la esperanza de que tú y Jamal pudieran compartir un poco la evidencia de Cristo que existe en la historia que me explicaron el año pasado. Creo que necesitamos dar una respuesta a los comentarios de Russell y Hitchens que Brett había expresado antes. ¿Cómo podemos saber si Cristo existió?

–Yo estoy de acuerdo, –dijo Brett–. Me gustaría tener pruebas históricas de que Cristo existió, especialmente que no sean de la Biblia, que es sin duda sospechosa si no corrupta.

–Con gusto te daré algunas pruebas aparte de las de la Biblia, –dijo Jamal–. Sin embargo, Brett, un prejuicio en contra de la exactitud de los veintisiete libros individuales del Nuevo Testamento, sólo porque están "en la Biblia", es históricamente arbitrario e injustificable. Inclusive aunque seas un escéptico con respecto al cristianismo, la Biblia es un documento histórico confiable.[16]

Brett asintió y Jamal continuó.

–Hasta el revolucionario americano Thomas Paine, que tenía un total desprecio hacia el cristianismo, no dudaba de la historicidad de Jesús de Nazaret. Mientras que Paine creía que las declaraciones bíblicas sobre la deidad de Jesús eran mitológicas, aún sostenía que Jesús verdaderamente vivió. "Él (Jesucristo) era un hombre virtuoso y amable. La moral que predicaba y practicaba era una de las más benévolas; y aunque se han predicado sistemas de moral parecidos por Confucio y por algunos de los filósofos griegos, y por muchos hombres buenos en todos los siglos, no ha sido superado por ninguno."[17]

–Escuchen esta cita que encontré el año pasado mientras buscaba información para mi informe de investigación, –dijo Nick–. Es de F. F. Bruce, profesor de crítica bíblica y exégesis de la Universidad de Manchester. "Puede que algunos escritores jueguen con la fantasía de un 'Cristo-mito', pero no lo hacen basándose en el fundamento de la evidencia histórica. La historicidad de Cristo es tan axiomática para un historiador imparcial como la historicidad de Julio César. No son los historiadores los que difunden las teorías de los 'Cristo-mitos'."[18]

–Está bien, –dijo Brett–. ¡Muéstrame las pruebas!

Jamal dio su opinión:

–Brett, traje algunas cosas que he estado investigando para una presentación que daré en unas semanas. Están en mi computadora, y si está bien contigo, las leeré o haré que tú las leas aquí en la mesa.

Brett asintió. Nick se dio cuenta que él era del tipo los que quieren acción. Con razón tiene una moto así, pensó.

–Genial. Comencemos con las autoridades seculares de la historicidad de Jesús. Me refiero a las autoridades no cristianas, no judías y por lo general hostiles hacia el cristianismo. En primer lugar, estaba Cornelio Tácito (55-120 d.C.) Era un historiador romano que vivió a lo largo de los reinados de media docena de emperadores. Ha sido llamado el "historiador más grande" de la Roma antigua, un individuo generalmente reconocido entre los estudiosos por su ´integridad moral y su bondad esencial´.[19]

–Scott, ¿Es verdad lo que está diciendo Jamal? –preguntó Brett.

–Sí, es verdad, –respondió Scott–. Las obras más aclamadas de Tácito son Annals y Histories. Annals cubre el período desde la muerte de Augusto en el año 14 d.C. hasta la de Nerón en el año 68 d.C., mientras que Histories empieza después de la muerte de Nerón y procede a la de Domiciano en el año 96 d.C.[20]

–¿A quién le gustaría leer algo de la obra de Tácito?– preguntó Jamal.

–Yo lo haré–dijo Jessica, por fin hablando por primera vez. Por lo menos en voz alta.

Jamal le pasó la computadora.

> Pero ni todo el alivio que pudiera venir del hombre, ni todas las recompensas que el príncipe le pudiera otorgar, ni tampoco todas las expiaciones que se le podían ofrecer a los dioses, servían para aliviar a Nerón de la infamia de que se creía que él había dado la orden para la conflagración, el incendio de Roma. Por lo tanto, para suprimir el rumor, acusaba de culpa falsamente, y castigaba con las más exquisitas torturas, a las personas comúnmente llamadas cristianas, que eran odiadas por sus disparates. Cristo, el fundador de ese nombre, fue condenado a muerte por Poncio Pilato, procurador de Judea durante el reinado de Tiberio: pero la superstición dañina, reprimida durante un tiempo, se desató nuevamente, no sólo a través de Judea, donde se originó el daño, pero a través de la ciudad de Roma también.[21]

–No parecen gustarle los cristianos a Tácito, –observó Jessica–, pero está de acuerdo con el credo que solíamos tener en la iglesia de que Cristo sufrió bajo el poder de Poncio Pilato.

–Excelente observación, Jessica, –dijo Jamal mientras agarró su computadora de nuevo y comenzó a buscar otro historiador.

–A esta altura estamos confirmando que Cristo fue un hombre de la historia, e incluso los historiadores más antagónicos reconocen varios hechos relacionados con Cristo, como su muerte. Lucio, un satírico griego del segundo siglo, hablaba de Cristo y de los cristianos con desprecio, sin asumir o discutir que eran irreales. ¿Brett, podrías leer parte de estas dos páginas de *The Death of Peregrine* [La Muerte de Peregrino] de Lucio?

Brett se acercó para alcanzar la computadora y comenzó a leer.

> Los cristianos, que conoces, adoran a un hombre hasta este día, el distinguido personaje que introdujo sus ritos novedosos y que fue crucificado.[22]

–¡Ajá! Esta parte que viene la cual trata que ellos estaban mal informados, suena verdadera, –dijo Brett.

> ¿Ves?, estas criaturas mal informadas comienzan con las convicciones generales de que son inmortales, lo cual explica el desprecio a la muerte y auto-devoción voluntaria tan comunes entre ellos. Luego el legislador original les recalcó que todos eran hermanos desde el momento de su conversión, niegan a los dioses griegos, adoran al sabio crucificado, y viven bajo sus leyes. Todo esto lo

toman bajo la fe, de modo que desprecian todos los bienes de este mundo por igual y los consideran simplemente como propiedad común.[23]

–Brett, –dijo Nick–, piensa en lo que has leído. Lucio pensaba que los seguidores de Cristo estaban mal informados, pero no trata de discutir el hecho histórico que Cristo fue crucificado y que sus seguidores eran devotos tanto en su adoración hacia Cristo como en su bondad para con los demás.

Jamal volvió a agarrar su computadora y buscó otra página. "Suetonio, un historiador romano, funcionario de justicia bajo Adriano, y analista de la Casa Imperial, afirmó en su Life of Claudius [La Vida de Claudio] 25.4, ´Mientras los judíos estaban perturbando constantemente en la instigación de Cresto (otra forma de escribir Cristo), él (Claudio) los expulsó de Roma´.[24] Lucas hace referencia a este evento en Hechos 18:2, que sucedió en el año 49 d.C. En otra obra, Suetonio escribió sobre el incendio que arrasó con Roma en el año 64 d.C. bajo el mandato de Nerón. Suetonio escribe que ´el castigo de Nerón se impuso a los cristianos, una clase de personas dadas a una nueva y maliciosa superstición´."[25]

–¡Oh! Yo no sabía que Suetonio había escrito eso, –dijo Scott–. Había leído sobre lo que escribió de Cristo Plinio el Joven, pero esto es interesante.

Andrea puso los ojos en blanco y los miró a Brett, que estaba sentado a su izquierda. Brett se inclinó hacia ella y susurró:

–¿Quién era Plinio el Joven?

–Jamal, ¿Quién era Plinio el Joven? –dijo Andrea sin pensar.

Scott miró automáticamente a Jamal y luego, con rapidez, evitó continuar contacto visual. Él sabía que Plinio había matado a muchos cristianos y no quería reabrir la discusión sobre los males hechos por los no cristianos.

–Andrea, Plinio fue el gobernador de Bitinia en Asia Menor en el año 112 d.C. Plinio le escribía a el emperador Trajano para pedirle consejo acerca de cómo tratar a los cristianos. Él le explicaba que había estado matando a todos los cristianos que encontraba, hombres y mujeres, niños y niñas, pero que había tantos condenados a muerte que se preguntaba si debía seguir matando a cualquier persona que descubriera que era cristiana, o si sólo debía matar a algunos específicos. Él explicaba que había obligado a los cristianos a inclinarse ante las estatuas de Trajano. Plinio continua diciendo que también 'hizo que ellos maldigan a Cristo, algo a lo que un verdadero cristiano no puede ser inducido'.[26]

–Déjenme que les lea la misma carta en la que Plinio habla de los cristianos que eran juzgados. "Ellos afirmaron sin embargo, que la razón total de su culpa, o su error, era que acostumbraban a encontrarse en un cierto día fijo antes que amanezca, y cantaban un himno a Cristo como si fuese Dios alternando versos, y se unían a un juramento solemne, para no hacer nada malvado, pero tampoco jamás cometer fraude, robo, adulterio, nunca falsificar su palabra, ni negar la fe cuando se les cuestionara."[27]

Ocho

¿Tú crees algo de la historia?

–¿ESAS SON TODAS las fuentes que tienes? –Preguntó Lauren.

–¿Todas las fuentes que tiene? –Scott la fulminó con la mirada–. ¿Qué quieres decir con eso? ¿Tú crees algo de la historia? ¿Por qué no podemos simplemente admitir, como ateos o agnósticos o lo que sea, que Jesucristo existió en la historia, murió en la cruz y que tuvo seguidores devotos, aunque quizás ignorantes? ¿Es realmente un problema eso? Nos perjudica que los ateos como Russell, Hitchens y todos los ´blogueros que jamás serán eruditos´ duden de la historicidad de Cristo. Esto demuestra que jamás nos tomamos la molestia de investigar.

–Me encantaría mostrarte unos ejemplos más, Lauren, –sugirió Jamal.

–Hazlo por favor–. Lauren le devolvió la mirada a Scott.

–Uno de los primeros escritores seculares en mencionar a Cristo fue Talo. Con fecha del año 52 d.C. quizás, Talo "escribió una historia del mundo del Mediterráneo Oriental de la Guerra de Troya y la actualizó a su época."[28] Desafortunadamente, sus escrituras ahora sólo existen en fragmentos que han sido citados por otros escritores. Uno de esos autores es Julius Africanus, un cristiano que escribió sus obras alrededor del año 221 d.C. Un pasaje muy interesante está relacionado a un comentario hecho por Talo sobre la oscuridad que envolvió la tierra durante las horas de la tarde cuando Jesús murió en la cruz. Julius Africanus, un historiador del tercer siglo, mencionó a Talo. Andrea, ¿Te importaría leer esto por favor?

–No gracias.

Jamal le sonrió y luego lo leyó el mismo.

> Talo, en el tercer libro de sus historias, da una explicación de la oscuridad como un eclipse solar, a mí me parece que sin razón (sin razón, por supuesto, porque un eclipse solar no puede ocurrir cuando hay luna llena, y Jesús murió en la temporada de la luna llena Pascual).[29]

–¿Y por qué es algo del otro mundo está referencia de Africanus acerca de Talo? –preguntó Brett.

–Pues, históricamente es importante porque se trata de otra referencia primitiva no cristiana de Jesucristo. Esta referencia específica muestra que el relato del evangelio respecto a la oscuridad que cayó sobre la tierra durante la crucifixión de Cristo era bien conocido y requería explicaciones naturalistas de no cristianos. Talo no dudaba que Jesús había sido crucificado y que había ocurrido un evento inusual en la naturaleza que requería una explicación. Lo que ocupaba su mente era la tarea de conseguir una interpretación diferente. Los hechos básicos no fueron cuestionados.[30]

–Gracias por compartir todo esto, –comentó Brett–. Sinceramente, no sabía que había tanta documentación de Cristo fuera del Nuevo Testamento. Por supuesto que nada de esto comprueba que Él era Dios, ni siquiera que Él era bueno. El Nuevo Testamento describe que Él condenaba a la gente al infierno, sacaba a la gente del templo con un látigo y que incluso maldijo a una higuera por no dar fruto. Él no es alguien a quien me gustaría seguir, pero me has dado una razón para creer que existió en la historia.

–Esas son objeciones razonables. –dijo Jamal–. Me encantaría tratarlas a cada una por separado cuando hablemos un poco más. Esperemos que, por ahora, hayamos establecido algunas bases históricas de que Cristo sí existió, y también me gustaría tomar un minuto para hablar sobre tu objeción con respecto a que no tenemos forma de saber si Jesús fue bueno o no.

Brett miró el reloj y dijo, –Adelante.

–Hasta algunos escritores paganos del primer siglo lo veían a Jesús como bueno. Déjenme leerles algo de un último escritor del primer siglo no cristiano y no judío. En la última parte del primer siglo, Mara Bar-Serapion, un filósofo sirio y probablemente estoico, escribió una carta para su hijo desde la cárcel, donde lo alentaba a buscar la sabiduría. En la carta él compara a Jesús con los filósofos Sócrates y Pitágoras. ¿Nick?

Nick tomó la computadora y leyó con un interés genuino.

> ¿Qué provecho sacaron los atenienses al condenar a Sócrates a la muerte? La hambruna y la peste vinieron sobre ellos como juicio por su crimen. ¿Qué beneficio sacaron los hombres de Samos al quemar a Pitágoras? En tan sólo un momento su tierra fue cubierta por arena. ¿Qué ventaja obtuvieron los judíos al ejecutar a su Rey sabio? Fue justo después de que su reino fue abolido. Dios vengó justamente a los tres hombres sabios: los atenienses murieron de hambre; los samianos fueron abrumados por el mar; los judíos, arruinados y expulsados de su tierra, viven en completa dispersión. Pero Sócrates no murió para siempre; sino que vivió en las enseñanzas de Platón. Pitágoras no murió para siempre; sino que siguió viviendo a través de la estatua de Hera. Ni tampoco murió para siempre el Rey sabio; Él siguió viviendo en las enseñanzas que había dado.[31]

—¿Qué pueden observar de todo esto? —preguntó Jamal.

Habló Brett.

–A éste escritor parecen gustarle los filósofos. El "Rey sabio" parece describir a Cristo. Evidentemente, por la referencia que hizo con respecto a la dispersión de los judíos, esto fue escrito después del año 70 d.C. y el "Rey sabio" vivió antes del año 70 d.C. Claramente, Mara Bar-Serapion no es cristiana como ustedes ya que pone a Jesús en pie de igualdad con Sócrates y Pitágoras.

–Estoy de acuerdo contigo, Brett, –dijo Nick–. Él también dice que Jesús permanecerá para siempre a través de Sus enseñanzas en lugar de a través de Su resurrección. Pero él lo consideraba a Jesús como una persona lo suficientemente buena como para justificar el juicio de Dios sobre los judíos. Y definitivamente no puso en duda si realmente Cristo vivió o no.

Andrea alzó la voz

–Así que has demostrado que Jesús vivió. ¿Cuál es el problema? Eso no hace que Él sea Dios. No puedes comprobar que nació de una virgen, no puedes demostrar sus milagros y no puedes evidenciar que se levantó de entre los muertos. Hemos pasado todo este tiempo hablando y no aprendimos nada.

–Andrea, ¿recuerdas aquella vez que pasaste por mi oficina la primavera pasada y yo te expliqué algunas de las pruebas para comprobar los milagros de Cristo, y su resurrección específicamente? Estaría encantado de repasar algunas de esas pruebas contigo si quieres.

–En realidad, me tengo que ir, –dijo Brett–. Tengo que encontrarme con mi novia para salir a cenar. Pero Jamal, agradezco que compartas con nosotros las pruebas históricas para comprobar la existencia de Cristo. ¡Me aseguraré de poder estar en tu clase en un par de semanas!

Jamal se puso de pie para darle la mano a Brett y Andrea también se puso de pie, y dijo:

–Sabes, yo también me tendría que ir.

Mientras todos se despedían, Andrea se dio cuenta, por un fugaz instante, lo persuasivo y amable que era Jamal cuando se trataba de defender la existencia de Cristo con Brett y sus amigos. Luego Lauren se rió y dijo:

–¡Ay Dios mío, Jamal! ¿Cuánto mides?

¡Por favor, Lauren! Él oye eso todo el tiempo, pensó Andrea para sí misma. Hasta mi amiga atea está tratando de coquetear con Jamal.

–¡Mido un metro y noventa y ocho centímetros, algo que es bastante normal en Texas! Mira, ¿Por qué no nos encontramos aquí de nuevo en algún momento? Aparte me encantaría que todos ustedes puedan venir al debate que será en tres semanas.

–Ya lo anunciamos en nuestro grupo ateo, –dijo Brett.

–Excelente. Pues, fue un placer conocerlos Brett, Scott y Lauren. Andrea, gracias por pasar el rato.

Nueve

EL DEBATE DE JAMAL

ANDREA HABÍA ESTADO luchando con sus creencias acerca de Cristo. Ella no podía creer que tanto Nick como Jessica se habían dedicado plenamente a Jesús el año pasado. No se resistía demasiado a su nacimiento virginal, deidad o resurrección. Sólo que era muy difícil creer que Él era el único camino hacia la salvación. ¿Qué pasa con todos los niños que mueren sin escuchar el evangelio? Parecía tan malo pensar que se iban al infierno porque nunca supieron acerca de Jesús.

Ella había recurrido al club ateo pensando que ellos serían intelectualmente honestos, pero ellos también tenían sus luchas e inconsistencias. Hace poco su profesor preferido, el doctor William Peterson, se había retirado de la docencia a tiempo completo y ahora parecía estar más abierto al cristianismo. Ella tenía curiosidad sobre la reacción que él tendría con respecto a las opiniones de Jamal y esperaba que le hiciera algunas buenas preguntas a Jamal en el foro de esta noche con el doctor Hitzfield y el doctor Gouffran.

Andrea estaba llegando tarde y no podía encontrar lugar donde estacionar en ningún lado cerca del auditorio Wesley. Para cuando finalmente llegó, cuarenta y cinco minutos después de empezar el programa, todos los asientos estaban ocupados. "Increíble," se quejó. Desde donde estaba parada en el fondo podía ver a Nick, Mina y Jessica sentados en la fila de adelante y sus amigos Brett, Lauren y Scott justo atrás de ellos. Andrea miró para arriba.

En el escenario, el doctor Peterson le estaba dando la mano a uno de los presentadores y tomando el micrófono

–Gracias, doctor Hitzfield. Ahora me gustaría invitar al señor Jamal Washington a que pasé al atril. Señor Washington, tiene quince minutos para responder al argumento del doctor Hitzfield en contra de la fiabilidad histórica del testimonio de Cristo.

Jamal se acercó al micrófono. Tenía puesto un traje negro y una gafas modernas. Con su cuerpo atlético y porte académico, traía una autoridad acorde a la plataforma. *Con razón todas mis amigas coquetean con él*, pensó Andrea.

Luego de unos comentarios introductorios y saludos, Jamal se metió de lleno.

"Doctor Hitzfield, no podemos descuidar el hecho histórico al cual admitió sobre la persecución de los primeros cristianos por sus informes públicos de que Jesús vivió, murió, se levantó de entre los muertos y se le apareció a muchas personas después de su resurrección. Esos primeros cristianos no tenían nada que ganar y todo que perder por su testimonio de que esas cosas realmente habían sucedido. Por esa razón sus reportes son fuentes históricas altamente significativas."

Luego Jamal se volvió hacia el público.

"Presten mucha atención a lo que estoy por decirles. Este es un argumento que no van a querer perderse. Documentados en las páginas del Nuevo Testamento, los estudiosos de la Biblia identificaron que lo que ellos creen son al menos partes de las primeras confesiones del credo cristiano, las que fueron formuladas y transmitidas verbalmente años antes de que se documentaran en los libros del Nuevo Testamento. Como lo explica el doctor Gary Habermas, estas afirmaciones conservan algunos de los primeros documentos sobre Jesús desde alrededor del año 30 al 50 d.C. Por lo tanto, en un sentido real, los credos conservan el material previo al Nuevo Testamento, y son nuestras primeras fuentes sobre la vida de Jesús.[32] En otras palabras, estas expresiones fueron memorizadas y transmitidas oralmente."

Jamal dio vuelta las páginas de su cuaderno y sólo miró hacia abajo durante un breve momento.

"Algunos ejemplos de estas afirmaciones de credo incrustadas en el Nuevo Testamento e identificadas por los más destacados estudiosos de Oxford, Cambridge y Princeton incluyen Lucas 24:34, Romanos 1:3-4, Romanos 4:24–25, Romanos 10:9-10, 1 Timoteo 3:16, Filipenses

2:6-11, 2 Timoteo 2:8, 1 Pedro 3:18, 1 Juan 4:2 y 1 Corintios 11:23-26."

Jamal continuó:

"Un noventa por ciento de todos los estudiosos que han publicado cosas acerca de la resurrección en los últimos treinta años, inclusive los estudiosos más liberales de las instituciones de mayor prestigio, admiten que las primeras dataciones de 1 Corintios, entre los años 53 y 57 d.C., y también reconocen que el apóstol Pablo fue el verdadero autor. El doctor Gary Habermas, quien obtuvo su doctorado de la Universidad de Michigan, señaló que cuando Pablo habla de la Cena del Señor en 1 Corintios,[33] el muestra una tradición establecida que probablemente esté basada en un material independiente de las fuentes de los evangelios sinópticos. Jeremías señala que las palabras de Pablo que fueron recibidas y dadas no eran los términos que Pablo solía usar, pero que 'representan los términos técnicos rabínicos' para poder transmitir una tradición. De hecho, Jeremías afirma que ese material fue formulado "en las primeras épocas; en todo caso antes que Pablo…una fórmula pre-paulina." En realidad Pablo está señalando que 'la cadena de la tradición se remonta intacta al mismo Jesús'.[34]

"Desde una perspectiva histórica, los estudiosos saben que Pablo está utilizando un material pre-existente, del cual una parte recibe el nombre de "confesiones de credo" que eran anteriores a la redacción de su carta. Ahora, enfoquemos nuestra atención en una de las confesiones de credo de 1 Corintios. 'Porque yo os entregué en primer lugar lo mismo que recibí: que Cristo murió por nuestros pecados, conforme a las Escrituras; que fue sepultado y que resucitó al tercer día, conforme a las Escrituras; que se apareció a Cefas y después a los doce.'[35]

Jamal alzó la vista hacia el doctor Peterson y luego de nuevo hacia los doctores Hitzfield y Gouffran antes de continuar.

"Las pruebas que sugieren que este material existió antes de la conversión de Pablo se afianza en el versículo 11, donde Pablo señala que él ha declarado lo que era la proclamación común de los apóstoles. 'Sin embargo, haya sido yo o ellos, así predicamos y así creísteis.'[36]

"Damas y caballeros, la narrativa de este fragmento, junto con el evangelio de Marcos que mencioné en mi discurso de apertura, carece del embellecimiento legendario de los milagros registrados por Homero y por los otros poetas antiguos. Luego de citar el credo, Pablo hace referencia a los nombres específicos de los testigos, lo cual incluía a Santiago, el hermano de Cristo, que no era creyente hasta después de haber visto al Cristo resucitado. ¿Por qué se convirtió Santiago? *Por lo que había visto*. Más adelante Pablo agrega que Cristo se le apareció a más de 500 de los hermanos, "La mayor parte de ellos están vivos, aunque algunos han muerto." Ahora, no se pierdan esto. Pablo da el credo, lo defiende, habla de los relatos de los testigos, y luego les recuerda que la mayoría de los testigos aún siguen vivos. ¿Qué es lo que está haciendo él aquí? Se está exponiendo a perder su reputación al decir, "Si no me crees, compruébalo con los 500 testigos. Ellos te dirán que han visto al Cristo resucitado." Tomen nota de esto. Pablo no estaba llamando a sus seguidores a una fe ciega, sino a una fe basada en un evento histórico: la resurrección de Cristo.

"Y ahora se me ha acabado el tiempo."

El doctor William Peterson se mantuvo en silencio mientras escuchaba a Jamal. Como moderador, él estaba decidido a no demostrar ningún tipo de sentimiento, pero en su corazón se sentía conforme con el discurso de Jamal. El doctor Peterson había rechazado la resurrección durante más de treinta y cinco años, pero recientemente en privado él se había auto convencido de su verdad fundacional. Los primeros datos que había citado Jamal habían despertado sus convicciones varios meses atrás, y sus propias investigaciones afirmaron que no existía explicación alguna para la resurrección de Cristo. Todas las afirmaciones falsas de que "Cristo nunca murió en la cruz", "los discípulos tenían alucinaciones", "los discípulos se robaron el cuerpo", y "Cristo nunca fue sepultado" fallaron en convencerlo intelectualmente. La única persona que estaba al tanto de la reciente conversión del doctor Peterson era su esposa, Susan. Él también tenía planeado compartirlo con sus alumnos cuando fuese el momento adecuado, porque sentía vergüenza en su corazón por haber engañado a tantos estudiantes incautos a través de los años y por haberlos alejado de Cristo.

Diez

EL ATEÍSMO, DAVID HUME Y LA NEGACIÓN DE LOS MILAGROS

EL DOCTOR PETERSON TOMÓ el micrófono.

–Gracias, señor Washington. Ahora, doctor Franck Gouffran, usted tiene quince minutos para refutar la defensa inicial de la resurrección de Jamal Washington.

Gouffran se metió de una en la conversación.

"Jamal, quizá la literatura que has citado sí proporciona una certificación temprana de que la gente decía haber visto a un Cristo resucitado. Te daré la razón y mi consentimiento en ese pensamiento, pero no me convencerá a mí, siendo un hombre educado, que la resurrección realmente ocurrió. Lo

que me gustaría proponer es que, a pesar de las afirmaciones milagrosas de Cristo y de sus seguidores, junto con las pruebas que tú has otorgado, es irracional, absurdo, creer que Dios existe, que Jesús es Dios y que Él resucitó de entre los muertos.

"Ahora, me gustaría pasar al argumento del conocido filósofo David Hume. Este argumento, que yo sepa, no ha sido refutado adecuadamente por ningún cristiano. Voy a leer a David Hume y luego compartiré algunos comentarios:

> Un milagro es una violación de las leyes de la naturaleza; y como una experiencia firme e inalterable ha establecido estas leyes, las pruebas en contra de un milagro, desde la misma naturaleza del hecho, son tan completas como posiblemente se puede imaginar cualquier argumento de una experiencia. Nada se estima como milagro, si es que alguna vez sucedió en el curso habitual de la naturaleza. No es ningún milagro que un hombre, aparentemente con buena salud, de repente se muera: porque todavía no se ha visto demasiado que ese tipo de muerte suceda con frecuencia, aunque sea más inusual que cualquier otra. Pero lo que sí es un milagro es que un hombre muerto vuelva a la vida; porque eso jamás ha sido visto en ninguna época ni país. Debe, por lo tanto, haber una experiencia uniforme contra todo acontecimiento milagroso, porque de lo contrario el evento no sería digno de ser mencionado. Y como una experiencia uniforme equivale a una prueba, he aquí una prueba directa

y completa que será destruida, o el milagro será interpretado como creíble, pero a causa de una prueba opuesta, la cual es superior.[37]

"Profesores, estudiantes e invitados, lo que Hume ha revelado brillantemente es que todo aquel que crea en Dios debe creer en el orden natural ya que sin mencionado orden, no puede haber forma alguna de reconocer excepciones al orden. Después, Hume les recuerda claramente a los cristianos que la probabilidad para las presuntas violaciones de las leyes naturales de los cristianos siempre deben ser menos que la probabilidad de que la excepción haya ocurrido.[38]

"Doctor Peterson y señor Washington, déjenme resumir el argumento de Hume para el público:

1. Un milagro es, por definición, un fenómeno poco frecuente.
2. La ley natural es, por definición, una descripción de una ocurrencia regular.
3. Las pruebas para lo regular siempre son más que para la poco frecuente.
4. Los individuos sabios siempre basan sus creencias en las pruebas mayores.
5. Por eso, los individuos sabios jamás deberían creer en los milagros.[39]

"Quizás aquellos de ustedes que son cristianos responderían así: '¡Inclusive si el argumento filosófico de Hume en contra de los milagros fuese bueno, nosotros tenemos fe en que Jesús es Dios!' Si un cristiano elige creer en nacimientos vírgenes, serpientes que hablan o en una resurrección de Jesús, pareciera ser que la única base para una creencia así fuese la 'fe'. Pero déjenme dejarlo perfectamente en claro. La fe ciega no es conocimiento. Aunque puede que uno afirme ser honesto al momento de ejercer la fe ciega, no es intelectualmente honesto.

"El filósofo William James una vez dio un discurso titulado, 'La Voluntad de Creer'. Él parece haber influenciado a muchos cristianos que van a la iglesia, especialmente aquí en el Sur donde parece haber una mega-iglesia en cada esquina. James pensaba que para los cristianos violar el principio de las pruebas era aceptable siempre y cuando su fe estuviese en acción. Para decirlo de otra forma, puede que un cristiano no tenga ni el conocimiento ni las pruebas de la verdad, pero siempre y cuando tenga fe en Dios, y su familia parezca estar feliz, su matrimonio esté mejor y su relación parezca ser 'auténtica', tener fe está bien.

"Yo diría que la fe ciega de William James es ilógica y que no es necesario tener una fe ciega. Si los cristianos quieren ser auténticos, deben creer aquello que es racional, confiar en sus sentidos y en la ciencia, y negar estos hechos llamados milagros. Muchas gracias."

Once

LA POSIBILIDAD DE LOS MILAGROS

EL DOCTOR PETERSON REGRESÓ al podio. "Ahora, Washington, el instructor, tendrá quince minutos para responderle al doctor Franck Gouffran."

Jamal comenzó:

"Doctor Gouffran, varios filósofos cristianos han refutado a Hume. Permítanme adaptar del doctor Norman Geisler, quien obtuvo su doctorado en filosofía en la Universidad de Loyola. Él señaló que cuando Hume habla de la experiencia 'uniforme' en su argumento, o su noción plantea la pregunta o si no es un alegato en réplica. Plantea la pregunta si Hume

supone algo antes de poder ver las pruebas. Porque ¿Cómo podemos saber que toda la posible experiencia confirmará el naturalismo, a no ser que tengamos acceso a todas las posibles experiencias, pasadas, presentes y futuras? Si, por otro lado, Hume por 'experiencia uniforme' simplemente quiere decir las experiencias exclusivas de algunas personas que no hayan presenciado un milagro, entonces esto es un nuevo alegato en réplica."[40]

Jamal continuó:

"El doctor Geisler también escribe que en realidad Hume no sopesa las pruebas de los milagros; sino que añade pruebas en su contra. Ya que la muerte se produce una y otra vez y la resurrección sólo ocurre de vez en cuando en el mejor de los casos, Hume simplemente calcula todas las muertes y las compara con las pocas supuestas resurrecciones y rechaza las últimas. Pero no se trata de sopesar las pruebas para determinar si esa persona, como por ejemplo Jesús de Nazaret, ha resucitado o no de entre los muertos. Simplemente se trata de sumar las pruebas de todas las demás ocasiones donde la gente *no* haya resucitado de entre los muertos y usarla para vencer cualquier posible prueba de que alguien que haya muerto haya vuelto en vida.

"Además, su argumento también equivale a la cantidad de pruebas y probabilidades. Dice, en efecto, que siempre debemos creer lo que sea más probable (en el sentido de "disfrutar las probabilidades más altas"). Pero esto es una tontería. Sobre esta base, una persona sabia jamás creería que un jugador de golf logró un hoyo en un golpe ya que es poco probable. Lo que Hume parece pasar por alto es que la gente sabia basa sus creencias en hechos, no simplemente en probabilidades. A veces las 'probabilidades' en contra de un evento son altas, basado en observaciones pasadas, pero las pruebas para el evento son muy buenas, basadas en observaciones actuales o en testimonios fiables. Doctor Gouffran, el argumento de David Hume confunde la cantidad de pruebas con la calidad de las pruebas. Las pruebas se deberían sopesar, no añadir.[41]

Jamal sonrió y miró al doctor Peterson y a algunos de los profesores en la fila de adelante.

"¡Ahora que lo pienso, cuando el doctor Peterson y yo estábamos jugando al golf con el doctor Chase Heindrich la primavera pasada, el doctor Heindrich logró un hoyo en un golpe! ¿Pueden creerlo?"

−¡Imposible!− gritaron dos de los colegas del doctor Heindrich desde la fila de adelante. El público se reía mientras varias personas señalaban al doctor Chase Heindrich en la fila de adelante, y un estudiante gritó: "¡Vamos, doctor Chase!"

Jamal continuó:

"Créame, doctor Goffran, si usted supiera la habilidad que tiene el doctor Heindrich para jugar al golf, también sería un escéptico. Pero había dos testigos, y a pesar de las experiencias anteriores del doctor Heindrich jugando al golf, el doctor Peterson y yo sabemos que él realmente logró un hoyo en un golpe. Ahora, volviendo a Hume, él confunde la probabilidad de los eventos históricos con la manera en que los científicos emplean la probabilidad para formular las leyes científicas. Déjenme leerles algo del doctor Ronald Nash, que obtuvo su doctorado en la Universidad de Siracusa.

> Los críticos de Hume se han quejado de que su argumento se basa en una visión defectuosa de la probabilidad. Por un lado, Hume trata la probabilidad de los eventos en la historia como milagros de la misma manera que trata la probabilidad de los eventos recurrentes que dan lugar a la formulación de las leyes científicas. En el caso de las leyes científicas, la probabilidad está ligada a la frecuencia con la que ocurren ciertos fenómenos; cuanto más veces los científicos observen ocurrencias similares bajo condiciones similares, más alta la probabilidad de que su formulación de la ley sea correcta. Pero los eventos históricos incluyendo a los milagros son diferentes; los acontecimientos de la historia son únicos e irrepetibles. Por consiguiente, tratar a los eventos históricos, incluso a los milagros, con el mismo criterio de probabilidad que usa un científico al formular sus leyes no tiene en cuenta una diferencia fundamental entre los dos temas.[42]

"Por último, con respecto a la referencia que hizo de La Voluntad de Creer, por William James, yo diría que en realidad se necesita más voluntad para no creer. La temprana documentación históricamente verificable que yo proporcioné sobre la muerte de Cristo en el lenguaje de credo de 1 Corintios 15 y de Marcos, la falta de embellecimiento legendario y los numerosos relatos de los testigos se deben tomar en cuenta. Además, uno debe considerar las vidas transformadas de los apóstoles.

"Al no enfrentarse a las pruebas históricas de la resurrección de Cristo y a la posibilidad de los milagros, han evitado las pruebas históricas para la resurrección de Cristo y tuvieron la voluntad de creer en una negación de los milagros."

Jamal hizo una pausa para leer unas notas que había escrito durante el discurso del doctor Gouffran.

"En el principio de su refutación, doctor Gouffran, usted dijo: 'Quizá la literatura que ha citado sí proporciona una certificación temprana de que la gente decía haber visto a un Cristo resucitado. Yo le daré ese razonamiento y consentimiento, pero no me convencerá a mí siendo un hombre educado, de que la resurrección realmente ocurrió.' Luego agregó: 'Lo que me gustaría proponer es que, a pesar de las afirmaciones milagrosas de Cristo y de Sus seguidores, junto con las pruebas que usted ha otorgado, es irracional, absurdo, en realidad, creer que Dios existe, que Jesús es Dios y que Él resucitó de entre los muertos.'

"Sus comentarios parecen indicar una tendencia al anti-sobrenaturalismo en lugar de estar dispuesto a un cuidadoso estudio de la evidencia. Esto no es un examen histórico de las pruebas, libre de prejuicios, sino "la voluntad de creer" que no existe un Dios, ni los milagros ni tampoco la resurrección. Gracias por su tiempo."

Mientras Jamal regresaba a su asiento, el público comenzó a aplaudir.

Andrea ojeó a Lauren, Scott y Brett; ellos no estaban aplaudiendo. Aunque no quería admitirlo, Andrea sintió que los argumentos de Jamal habían refutado la retórica de sus dos oponentes. Por tan sólo un segundo, ella reflexionó sobre si lo que él estaba diciendo era verdad.

El doctor Peterson, manteniendo su neutralidad como moderador, hizo que el público hiciera silencio y recibió preguntas adicionales del panel de profesores y de varios estudiantes del público. El también estaba considerando las pruebas de la resurrección histórica. Luego agradeció a los presentadores, dio un anuncio sobre el próximo evento en serie y les agradeció a todos por haber asistido.

Más tarde, Mina y Jessica vieron a Andrea en el fondo y se le acercaron.

—¡Qué bueno verte, Andrea! —exclamó Mina.

Ella la abrazó con ganas como solía hacerlo en los viejos tiempos. Aunque Andrea trataba de ser fría y distante, se le estaba complicando un poco no sonreír. Estaba contenta de que Mina y Jessica estuviesen ahí.

Mientras tanto, Nick se acercó a Scott, Lauren y Brett.

—Hola, Nick, —dijo Brett—. Puede que no esté de acuerdo con Jamal, pero tengo que admitir que definitivamente ganó el debate.

—No, no lo ganó, —dijo Lauren.

Brett sólo la miró.

—No estoy de acuerdo, Lauren. Jamal hizo que Franck Gouffran pareciera como quien ignoraba las evidencias con la "predisposición" a no creer.

Lauren lo miró a Scott.

—¿Quién piensas que ganó?

—Pues, a mí siempre me ha gustado el doctor Jurgen Hitzfield, pero la defensa de Jamal del uso de Pablo del lenguaje de credo primitivo y los relatos de los testigos sobre la resurrección fueron bastante convincentes desde una perspectiva histórica. La verdad, no estoy seguro de cómo lidiar con eso, pero todavía tengo dudas acerca de las éticas del Nuevo Testamento y sobre el problema del mal. Puede que Jamal haya ganado el debate, pero yo seguiré siendo un agnóstico.

Nick lo miró a Scott

—Yo pensaba que eras ateo, no agnóstico.

—Soy ambas cosas, —dijo Scott, sonriendo al voltear la mirada.

Doce

UN NUEVO CAPÍTULO PARA LOS PETERSON

–CARIÑO, hiciste un trabajo excepcional moderando el debate–dijo Susan Peterson.

–Gracias, Susan, –respondió el profesor mientras se quitaba el abrigo y la corbata.

–¿Les contaste a Jamal y a Nick sobre tu nueva fe? –preguntó Susan al darle al doctor Peterson un pequeño tazón con helado.

–No, todavía no. No se lo conté a nadie, sólo a ti.

–¿Por qué no?

El doctor Peterson no respondió.

–¿No se lo has dicho a nadie? ¿Solamente a mí?

Ha pasado más de un mes desde que oraste para aceptar a Cristo.

–Bueno, sólo que no era el momento adecuado. Le quería contar al pastor Greg este domingo, pero el parecía estar ocupado y no tuve una buena oportunidad.

–Bill, espero que no tengas miedo de recibir una reacción negativa. Creo que sería bueno que les cuentes a tus amigos en algún momento dentro de poco tiempo. Sabes que Jamal y Nick se pondrán contentos, y aunque algunos de tus colegas te la harán un poco difícil, aún seguirán respetándote. Y aún más importante, Dios te honrará. Acuérdate de la enseñanza de Cristo: "Todo aquel que me reconozca en público aquí en la tierra, también lo reconoceré delante de mi Padre en el cielo; pero al que me niegue aquí en la tierra también yo lo negaré delante de mi Padre en el cielo."[43] Bill, durante mucho tiempo enseñaste una visión falsa de Cristo, yo creo que deberías comenzar a decirles a todos acerca de tu conversión y humildemente admitir que estabas equivocado en algunas cosas que enseñabas. ¿Por qué no comenzar a proclamar al verdadero Cristo histórico?

–Susan, tienes toda la razón.

El doctor Peterson hizo una pausa para servir más helado para los dos, y luego continuó.

–Yo no quería que nadie se enterara antes de esta noche. Al ser el moderador, no quería que la atención se fijara en mí. Tampoco quería que el público pensara que yo era parcial, pero llegué a la conclusión de que compartiría el cambio de mi forma de pensar sobre Cristo con todos los profesores y los estudiantes en el momento oportuno. De hecho, estuve pensando seriamente en reservar el auditorio Wesley para dar un discurso sobre "¿Jesús decía ser Dios?" No me avergüenzo del evangelio de Jesucristo y creo que esto me daría una buena oportunidad para presentar mi caso a favor de Él."

Susan abrazó a su marido.

–Yo confío que lo harás muy bien, cariño. Dios usará tu testimonio.

–Sé que me perseguirán los críticos, pero eso es lo que me merezco por haber sido tan terco y por haber engañado a tantas mentes jóvenes a través de los años. Que Dios tenga misericordia de mí.

Bill, si Dios pudo usar a Saulo de Tarso, que persiguió a la Iglesia cristiana, para escribir grandes partes del Nuevo Testamento, estoy segura de que Él te dará la sabiduría para poder influir a la Universidad Ópala.

Trece

NICK Y JESSICA

JESSICA TOMÓ su teléfono.

– ¿Hola?

–Hola Jess, soy yo. Nick.

–Hola, Nick.

–Sé que en el verano me dijiste que no querías salir conmigo, pero me preguntaba, si quizás podrías llegar a cambiar de opinión lo suficiente como para que te lleve a cenar el viernes.

–Hmmmm, bueno. ¡Por supuesto! Eso suena divertido.

–¡Genial! Yo pensé que podríamos ir a Fort Worth, comer comida mejicana y después ir a escuchar la banda de Zac Brown que tocará al aire libre y tengo dos entradas. ¿Te suena divertido eso?

–¡Claro que sí! ¡Suena genial!

Tres noches después, mientras Nick y Jessica estaban conduciendo de Dallas a Fort Worth, Nick le preguntó a Jessica:

–¿Cómo fue la discusión con las chicas anoche después del estudio bíblico de Yo soy Segundo?

–Bastante bien, pero cuando iba a leer un pasaje bíblico, habló una de las chicas y dijo: "A mi no me gusta hablar de religión, especialmente de Jesús."

Mi respuesta inicial fue:

–Bueno, ¿entonces porque has venido a un estudio bíblico?

Ella dijo que era una ferviente fanática de Anne Rice, la novelista de vampiros y que oyó que íbamos a presentar su película. Le pregunté que le parecía la película y ella no dijo demasiado. Nick ¿Recuerdas el año pasado cuando estábamos saliendo que antes que yo confiara en Jesús, siempre trataba de cambiar de tema cuando tú querías hablar de Él? ¿Me podrías perdonar por eso por favor?

–Jessica, yo ya te he perdonado. Ya hemos hablado de esto.

–Gracias. Ya sabes, que tan sólo el nombre de Jesús parece molestarle a la gente. Hace que se sientan incómodos, o enojados, o ambas cosas. Muchas de las chicas tratan de cambiar de tema cuando lo menciono a Él. Pareciera que pudiéramos hablar sobre Buda, Mahoma o Confucio todo el día y la gente no se molesta, pero mencionas a

Jesús y se acabó todo. ¿Por qué los otros no ofenden a la gente de la forma que lo hace Jesús?

Nick reflexionó sobre eso durante un minuto.

–Creo que la razón es que esos otros líderes religiosos no decían ser Dios. Esa es la gran diferencia entre Jesús y los demás. Jesús hizo afirmaciones sorprendentes sobre sí mismo y estuvo claro que esas afirmaciones lo identificaron como más que un profeta y un maestro. Hablando de todo esto, ¿Escuchaste la noticia sobre el doctor Peterson?

– ¿Qué noticia?

–Se convirtió.

–¡¿Qué?! Jessica no podía creer lo que estaba escuchando. Ella había estado orando por él casi todos los días.

–Sí, en realidad se convirtió hace como un mes.

–Nick, ¿Estas bromeando? ¡Eso es súper emocionante! Los ojos de Jessica comenzaron a llenarse de lágrimas.

–No tenía ni idea.

–¡Supuse que ya lo sabías, Jess! Envió un correo electrónico esta mañana que anunciaba su conversión religiosa. Va a dar un discurso especial acerca de la deidad de Cristo en tres semanas. No puedo creer que no hayas escuchado nada al respecto. Hoy hablaban de eso todos los estudiantes de religión.

–¿Hablaste con él?

–No, todavía no. Pasé por su oficina, pero su secretaria me dijo que Jamal y él se habían tomado el día para jugar al golf. Aún no hablé con ninguno de los dos.

–¡Eso es una gran respuesta a nuestras oraciones! Te apuesto a que tu atrevimiento al compartir el evangelio con él esa noche que estuvimos en su casa influyó en él.

—¡Lo dudo! Lo único que recuerdo de esa noche, es que me sentí mal por haberle predicado. Creo que seguramente Jamal tuvo mayor influencia, pero sólo estoy agradecido de que el doctor Peterson se haya convertido. En definitiva es el Espíritu Santo el que busca tener una relación con nosotros.

—Pues, es verdad que sólo Dios salva, pero Dios definitivamente te usó a ti para que yo me convirtiera.

Nick sonrió y se acercó a Jessica para apretarle la mano.

—Y sin duda has cambiado.

—Tú también. —Jessica se rió.

—Sí. Antes de convertirte, Jess, eras una chica grosera, presumida...

—¡Eh!

Jessica le dio una palmada al brazo de Nick.

—¡Mira la tonta sonrisa que tienes, Nick! ¡Retiro lo dicho, no has cambiado ni un poquito!

—En serio, Jess, —Nick continuó—. Dios está haciendo grandes cosas a través de ti. Tienes muchísima compasión en tu labor humanitaria con esos niños, haces que las chicas conozcan a Cristo y trabajas como voluntaria en el hospicio. ¡Eres como una hermosa versión de la Madre Teresa!

—¡Los piropos no te llevarán a ningún lado!

Jessica le apretó el brazo a Nick. Los dos se rieron

Catorce

LA DEIDAD DE CRISTO EN EL EVANGELIO DE MARCOS

EL LUNES A LA MAÑANA, todos los estudiantes que estaban en la clase de Introducción al Nuevo Testamento de Jamal estaban ansiosos por hablar de la conversión religiosa de William Peterson y de su próximo discurso. Jamal sólo invirtió unos pocos minutos en el tema y luego se abocó de lleno a su clase.

–Es algo absolutamente tonto cuando los críticos dicen que la deidad de Cristo no está afirmada en el evangelio de Marcos, ya que Marcos es el más antiguo de los cuatro evangelios. En el capítulo dos, observamos que Jesús hace algo que sólo

Dios puede hacer; Él perdona pecados. Déjenme que se los lea. "Al ver la fe de ellos, Jesús le dijo al paralítico: ´Hijo mío, tus pecados son perdonados´."[44]

Jamal hizo una pausa.

–Sé lo que algunos de ustedes deben estar pensando, Eso no es gran cosa. Él no está diciendo que es Dios. Pero observen con cuidado. De acuerdo con la teología Judía, sólo Dios puede decir una cosa como esa; el perdón de los pecados era la prerrogativa de sólo Dios.[45] Cuando los escribas escucharon a Jesús perdonar los pecados de los hombres, estaban indignados. ¿Qué es lo que dice? ¡Es una blasfemia! ¡Sólo Dios puede perdonar pecados![46]

–¿Ven lo que está ocurriendo? Cuando los líderes religiosos lo escucharon a Él perdonando pecados, lo acusaron de blasfemia. Observen la siguiente diapositiva. El doctor Lewis Sperry Chafer, fundador y primer presidente del Seminario Teológico de Dallas, escribió:

Nadie en este mundo tiene la autoridad ni el derecho de perdonar pecados. Nadie puede perdonar pecados excepto el Único contra el que todos hemos pecado. Cuando Cristo perdona pecados, como definitivamente ha hecho, el no estaba ejerciendo una prerrogativa humana. Ya que nadie excepto Dios puede perdonar pecados, se ha demostrado de manera concluyente que, como Cristo perdonó pecados, él es Dios.[47]

Nick alzó la mano de repente.

–Si, ¿Nick?

–Está bien, yo estoy convencido de las afirmaciones de Cristo sobre su deidad en el evangelio de Juan, como cuando por ejemplo Él se dice llamar, el "YO SOY", el nombre que Dios le había revelado a Moisés. Pero no estoy demasiado convencido de éste en Marcos. Parece como que la referencia que nos has dado es un poco exagerada. Yo puedo perdonar a la gente sin decir que soy Dios. La gente lo hace todo el tiempo. Hasta cuando me consideraba a mí mismo un agnóstico yo perdonaba a la gente.

–¡Ay, Nick! Sí, uno puede decir: "Yo te perdono," pero solamente si esa misma persona es contra la que han pecado. Nick, supongamos que tu pecas contra mí. Que estamos en la cancha de baloncesto y yo continuamente bloqueo tus tiros, entonces tú me gritas usando un lenguaje difamatorio contra mí en el fragor del momento. Yo tengo el derecho a perdonarte. Pero si tú pecas contra otra persona, supongamos que contra tu hermano mayor, yo no tengo ese derecho. El paralítico en Marcos capítulo 2 no había pecado contra Jesús el hombre. Los dos hombres jamás se habían visto. El paralítico había pecado contra Dios. Cuando Jesús se acercó y, bajo su propia autoridad, dijo, "Tus pecados son perdonados," Él estaba hablando como si fuese Dios. Nosotros podemos perdonar los pecados que fueron cometidos en contra nuestro, pero de ninguna manera alguien puede perdonar pecados cometidos en contra de Dios, a no ser que él sea Dios.

Jamal continuó:

–Con razón los judíos reaccionaron con tanta violencia cuando un carpintero de Nazaret hizo una afirmación tan audaz. Esa afirmación de que Él podía perdonar pecados era un ejercicio sorprendente de una prerrogativa que sólo le pertenece a Dios.

–¿Si, Emily?

–Esa referencia parece bastante extraordinaria. ¿Existen otras referencias donde Cristo hace afirmaciones audaces en el evangelio de Marcos?

–Absolutamente. Emily, por qué no nos lees del libro de Daniel, capítulo siete, versículo trece y catorce. Quiero hablar sobre la frase Hijo del Hombre.

Mientras que Emily buscaba el pasaje y comenzaba a leer, Jamal buscó los versículos en la computadora y los puso en la pantalla para que todas las personas en la clase pudieran verlos:

> **Mientras continuó mi visión esa noche, vi a alguien parecido a un hijo de hombre descender con las nubes del cielo. Se acercó al anciano y lo llevaron ante su presencia. Se le dio autoridad, honra y soberanía sobre todas las naciones del mundo, para que lo obedecieran los de toda raza, nación y lengua. Su gobierno es eterno, no tendrá fin. Su reino jamás será destruido. (Daniel 7:13-14)**

–Gracias, Emily. Ahora, la Biblia es clara con respecto a que sólo Dios debe ser alabado. ¿Si, Emily?

–¿En qué parte de la Biblia dice que sólo Dios debe ser alabado? ¿Acaso no recibía alabanzas Jesús?

–Sí lo hacía, y el simple hecho de que Él recibía alabanzas confirmaba Su

deidad. Como referencia, Jesús le dice a Satanás en Mateo 4:10: "Adora al Señor tu Dios y sírvele sólo a él." En realidad él está citando de Deuteronomio 6:13, un pasaje del Antiguo Testamento muy conocido para los judíos.[48]

–Ahora volviendo a lo del Hijo del Hombre que leyó Emily en Daniel. La Sagrada Escritura es clara con respecto a que sólo se debe adorar a Dios. Sin embargo, Daniel tiene una visión donde este "Hijo del Hombre" recibe adoración. Ahora, tengan en cuenta de que Daniel está hablando de un hombre que será adorado, a pesar que las Sagradas Escrituras habían hablado acerca de que deberíamos sólo adorar a Dios. Pese a la mala percepción general, el término "Hijo del Hombre" no era una referencia a la humanidad de Jesús, sino a Su divinidad. Permítanme citar a dos escritores académicos, Komoszewski y Bowman, que explican la visión de Daniel:

> En la visión de Daniel, la figura que parecía ser humana posee toda autoridad de juicio y gobierna sobre un reino eterno. La noción de fragilidad y dependencia está ausente. La descripción de que la figura descendía con las nubes también lo identifica como divino, ya que en otras partes del Antiguo Testamento las imágenes de descender con las nubes se usan exclusivamente para figuras divinas.[49]

—Vemos que Jesús hace referencia a este pasaje en particular en Marcos14. Vamos a echarle un vistazo a eso. Nick, ¿nos podrías leer Marcos 14:60-64?

Nick abrió el Nuevo Testamento de su Biblia y comenzó a leer:

> Entonces el sumo sacerdote se puso de pie ante todos y le preguntó a Jesús: "Bien, ¿No vas a responder a estos cargos? ¿Qué tienes que decir a tu favor?" Pero Jesús se mantuvo callado y no contestó. Entonces el sumo sacerdote le preguntó:
> —¿Eres tú el Mesías, el Hijo del Bendito?
> Jesús dijo:
> —Yo soy. Y ustedes verán al Hijo del Hombre sentado en el lugar de poder, a la derecha de Dios, y viniendo en las nubes del cielo.
> Entonces el sumo sacerdote se rasgó las vestiduras en señal de horror y dijo: "¿Para qué necesitamos más testigos? Todos han oído la blasfemia que dijo. ¿Cuál es el veredicto?"
> "¡Culpable! —gritaron todos—. ¡Merece morir!"[50]

Jamal preguntó:

—¿Por qué todos lo declararon culpable y dijeron que merecía morir?

—Jesús estaba afirmando ser Dios, —dijo un estudiante que se llamaba John que estaba sentado en la última fila.

Jamal sonrió.

—Sí. Los líderes religiosos conocían la alusión e interpretación de Jesús con respecto a Daniel 7:13. Jesús estaba diciendo ser divino, una figura celestial que se sentaría a la diestra de Dios y ejercería una autoridad suprema sobre todas las personas por toda la eternidad. ¡Con razón las autoridades judías estaban tan molestas, Jesús había cometido una blasfemia al proclamar ser Dios! Es evidente que Jesús tenía una auto-conciencia divina.[51]

–¿Si, John? –preguntó Jamal.

–¿Necesitamos saber esto para un examen?

–Esa es una mala pregunta. Tienen que saber todo lo que digo para el examen, –respondió Jamal con una sonrisa.

Mientras varios estudiantes comenzaban a escribir frenéticamente, Jamal puso una nueva diapositiva de Power Point.

–Entonces, un análisis del propio testimonio de Cristo, el cual quizás quieran recordar para el próximo examen, muestra que Él claramente afirmaba ser:

1. **El Hijo del Dios Bendito.**
2. **El Único que se sentaría a la diestra del poder.**
3. **El *Hijo del Hombre*, que vendría con las nubes del cielo.**

Jamal continuó:

–Cada una de estas afirmaciones es distintivamente mesiánica. El efecto acumulativo de las tres es significativo. El Sanedrín, la corte judía, entendió los tres puntos, y la respuesta del sumo sacerdote fue rasgarse las vestiduras en señal de horror y decir: "¿Para qué necesitamos más testigos?[52] Por fin lo habían oído por sí mismos de la propia boca de Jesús. Él fue condenado por sus propias palabras.[53]

—La siguiente diapositiva muestra la conclusión de Sir Robert Anderson, que era jefe de investigación criminal en Scotland Yard. Esto es lo que él observó:

Ninguna evidencia confirmatoria es más convincente que la de los testigos hostiles y el hecho de que el Señor reclamó la deidad está indiscutiblemente establecido por la acción de sus enemigos. Debemos recordar que los judíos no eran una tribu de salvajes ignorantes, sino que personas muy cultas e intensamente religiosas; y fue sobre ese mismísimo cargo que, sin una voz disidente, su muerte fue decretada por el Sanedrín, el gran Consejo Nacional, compuesto por los más eminentes de sus líderes religiosos, que incluía a hombres como Gamaliel, el filósofo judío del primer siglo y a su famoso discípulo, Saulo de Tarso.[54]

—¿Entonces sin duda Jesús quería dar ese testimonio y afirmar que era Dios delante del Sanedrín? —preguntó Emily.

—Absolutamente, —dijo Jamal—. Este es el testimonio que Jesús quería dar sobre sí mismo. También podemos ver que los judíos entendieron que su respuesta era afirmar que era Dios. En este momento se enfrentan con dos alternativas. O sus afirmaciones eran una extravagante blasfemia, o Él era Dios. Sus jueces vieron el problema con claridad, con tanta claridad que lo crucificaron y se burlaron de Él mientras estaba en la cruz diciendo: "Él confía en Dios; pues que lo libre Dios ahora, si de veras lo quiere. ¿Acaso no dijo: ´Yo soy el Hijo de Dios´"?[55]

–¿Cuál era el problema con el sumo sacerdote que rasgó su vestidura? –preguntó Nick.

–Era una costumbre de la ley judía que revelaba horror a causa de la blasfemia que había sido dicha. Yo tengo una observación sobre esa cuestión de H.B. Swete, ex profesor regio de divinidad de la Universidad de Cambridge. El doctor Swete escribió:

> La ley prohibía que el sumo sacerdote se rasgara la vestimenta en asuntos privados (Levítico 10:6; 21:10), pero cuando actuaba como juez, por costumbre se le requería que expresara de esta manera su horror por cualquier blasfemia pronunciada en su presencia. El alivio del juez avergonzado era evidente. Si las pruebas fidedignas no eran suficientes, la necesidad de tenerlas ya había sido sustituida: el prisionero se había incriminado a sí mismo.[56]

–Ya que estamos con este tema, tengo un fragmento interesante sobre el juicio de Jesús desde la perspectiva de un abogado, Irwin Linton. Este no fue un juicio común y corriente.

Jamal buscó entre las diapositivas durante un momento y luego dijo:

–Observen esto:

> Único entre los juicios penales, éste trata la cuestión de la identidad del acusado en lugar de sus acciones. El cargo penal en contra de Cristo, su confesión o testimonio o, más bien, su comparecencia ante la corte donde fue declarado culpable, la interrogación hecha por el gobernador Romano y la inscripción y proclamación en su cruz en el momento de la ejecución, se relacionan con la única pregunta de la verdadera identidad y dignidad de Cristo. "¿Qué es lo que piensan ustedes de Cristo? ¿Hijo de quién es?"[57]

–Adelante, Emily.

–He escuchado de varias personas dentro del departamento de religión que el doctor Peterson se convirtió y que está convencido de la deidad de Cristo. ¿Es verdad eso?

–Sí, es verdad. Pero el doctor Peterson quiere dar la noticia personalmente, así que va a dar una clase especial dentro de tres semanas acerca de la deidad de Cristo. Lo habló conmigo la semana pasada mientras jugábamos al golf, y realmente espera que todo el mundo esté allí.

–¿Podemos obtener puntos extra? –preguntó John bruscamente mientras sonreía.

Jamal sólo lo miró a John con cara de póquer y no le dijo nada. Luego de contemplarlo durante unos segundos, Jamal dijo:

–Les diré algo. Si cualquiera de ustedes asiste a la clase y escribe un análisis y crítica de dos páginas acerca de la clase del doctor Peterson, le daré puntos extra como si fuese la nota de un examen.

–¡Sí! –gritó John, alzando el puño en el aire.

Jamal lo ignoró y continuó:

–Clase, déjenme que les resuma algunas observaciones y que les comparta un pasaje más antes que me despida de ustedes.

Observó el aula durante un rato e intencionalmente buscó tener contacto visual.

–En la mayoría de los juicios los acusados son juzgados por sus acciones, pero ese no fue el caso en el juicio de Jesús. Él fue juzgado por lo que afirmaba ser.

Hizo una pausa y luego continuó.

–El juicio de Jesús debería ser suficiente como para demostrar convincentemente que Él confesaba Su divinidad. Sus jueces avalan esa afirmación, y en el día de su crucifixión, sus enemigos reconocieron que Él afirmaba ser Dios hecho carne. Saquen sus Biblias y busquen Mateo 27. John, con una voz clara y fuerte por favor léenos desde el versículo 41 al 43.

Mientras John buscaba el pasaje bíblico, Jamal lo puso en la pantalla para aquellos que no habían llevado sus Biblias.

Los principales sacerdotes, los maestros de la ley religiosa y los ancianos también se burlaban de Jesús. –Salvó a otros–se mofaban– ¡pero no puede salvarse a sí mismo! Con que es el rey de Israel, ¿no? ¡Que baje de la cruz ahora mismo y creeremos en él! Confió en Dios, entonces, ¡que Dios lo rescate ahora si lo quiere! Pues dijo: "Soy el Hijo de Dios."[58]

—Te agradezco por haber leído, John. Nos vemos la próxima clase.

Quince

¿QUÉ DIJERON LOS DEMÁS ACERCA DE JESÚS?

EL MIÉRCOLES A LA NOCHE, Brett, Scott, y Lauren se unieron al grupo que se había reunido en la cafetería Caruth Haven para hablar sobre la identidad de Cristo. Jamal dio comienzo a la noche presentando un caso conciso de la fiabilidad del Nuevo Testamento y Mina mencionó algo relacionado con la conversión del doctor Peterson. Siguió Scott, con un comentario que provocó una conversación intensa.

—Jesús ni siquiera es llamado Dios en la Biblia.

Brett también intervino.

—Él tiene razón. Yo leí todo el Nuevo Testamento y jamás encontré ni un versículo.

Nick sonrió. Él ya había escuchado a Jamal enseñar sobre este tema.

Jamal lo tomó como una señal para comenzar.

—Tú haces una buena observación Scott. La explicación tiene que ver con Su nombre. Algo de lo que muchas personas no se dan cuenta es que la palabra Jesucristo no es un nombre y un apellido. Son un nombre y un título. El nombre "Jesús" viene de la forma griega del nombre Jeshua, o Joshua, que significan "Jehová-Salvador" o "el Señor salva". El título "Cristo" viene de la palabra griega para Mesías y significa "el ungido". Dos cargos, rey y sacerdote, son indicados en el uso del título "Cristo". El título afirma que Jesús es el rey y sacerdote prometido de las profecías del Antiguo Testamento. Esta afirmación es crucial para una adecuada comprensión acerca de Jesús y el cristianismo.[59]

Jamal continuó:

—Brett, yo diría que el Nuevo Testamento presenta a Cristo como Dios con claridad. La mayoría de los nombres aplicados a Cristo son tales que solamente podrían ser aplicados adecuadamente a alguien que era Dios. Por ejemplo, Jesús es llamado Dios en el dicho: "Mientras aguardamos la bendita esperanza, es decir, la gloriosa venida de nuestro gran Dios y Salvador Jesucristo."[60]

—¿A dónde está ese versículo? —preguntó Brett.

—En Tito 2:13. Pero hay muchos más: Juan 1:1, Romanos 9:5, Hebreos 1:8, 1 Juan 5:20-21.

—¿Pero no había sido el mismo Jesús que había citado el Salmo y dijo: "Ustedes son dioses"? Definitivamente no se lo describe a Jesús de la misma forma que se lo describe a Dios en el Nuevo Testamento.

Jamal abrió su computadora portátil y buscó los apuntes de clase.

–¿Cuál es tu dirección de correo electrónico, Brett? Te quiero enviar este archivo.

Luego de haberle enviado el correo electrónico a Brett, Jamal le pasó su computadora a Jessica, que había estado callada toda la noche.

–Jessica, ¿Por qué no lees algunas de estas referencias bíblicas que le atribuyen características a Jesús que sólo pueden ser verdad acerca de Dios?

–Bueno, –dijo Jessica–. En la Biblia, Jesucristo es presentado como:

- Auto-existente (ver Juan 1:2; 8:58; 17:5; 17:24)
- Omnipresente (ver Mateo 18:20; 28:20)
- Omnisciente (ver Mateo 17:22-27; Juan 4:16-18; 6:64)
- Omnipotente (ver Mateo 8:26-27; Lucas 4:38-41; 7:14-15; 8:24-25; Apocalipsis 1:8)
- El que posee Vida Eterna (ver Juan 5:11-12, 20)

Nick se metió en la conversación

–Otra prueba de que Jesús se presentó a sí mismo como Dios es que Él recibió honor y adoración que sólo Dios debía recibir. Esto surgió en nuestra clase el otro día. En un enfrentamiento con Satanás, Jesús dijo: "Porque las Escrituras dicen: ´Adora al Señor tu Dios y sírvele sólo a él´."[61]

Andrea habló:

–Bueno, ¿A dónde están esas referencias?

–Lo leímos en clase el otro día. Viene de Mateo, de cuando Jesús estaba siendo tentado por Satanás, –respondió Nick–. Espera, yo lo encontraré. ¿Jamal sabes de qué parte viene eso?

–Tienes razón, Nick. Viene de Mateo 4:10. Jesús también recibió adoración como si fuese Dios en Mateo 14:33 y en Mateo 28:9, y Él afirmó ser digno de adoración como Dios en Juan 5:23. En Hebreos 1:6 y en Apocalipsis 5:8-14 Él es de nuevo el objeto de adoración.

Scott interrumpió:

–Pero los judíos eran devotamente monoteístas y parece ser que sólo los no judíos creían en Jesús como Dios a través de las enseñanzas de Pablo.

Mina respondió:

–Es verdad que los judíos eran devotamente monoteístas, sin embargo Jesús era judío, Pablo era judío y muchos de los primeros seguidores de Cristo eran judíos. Los versículos a los que hicieron referencia Jamal y Jessica revelan con claridad que lo reconocían a Cristo como Dios mismo.

–Yo aún tengo mis dudas al respecto, Mina, –dijo Andrea.

–Bueno, les diré qué. ¿Cuántas Biblias tenemos? –preguntó Jamal.

–Pareciera que cinco, –dijo Jessica–. Ella notó que Brett y Andrea habían llevado una Biblia cada uno.

–Andrea, ¿tienes la Biblia en tu Mac? –le preguntó Jamal.

–¡Sí!

–¿Podrías buscar Mateo 16:16? Esto viene después de que Jesús les preguntó a Sus discípulos quién pensaban ellos que era Él.

–Tú eres el Cristo, el Hijo del Dios viviente, afirmó Simón Pedro.

Andrea se enrojeció al leer esto. Por alguna razón ella se ponía nerviosa y se sentía culpable cuando leía la Biblia y no quería demostrarlo.

–Andrea, –dijo Jamal–. Jesús reaccionó a la confesión de Pedro, no corrigiéndolo, sino que reconociendo su validez y su fuente. ¿Podrías leer el próximo versículo por favor?

Jesús respondió: –Bendito eres, Simón hijo de Juan, porque mi Padre que está en el cielo te lo ha revelado. No lo aprendiste de ningún ser humano.[62]

–Scott, ¿Podrías leer Hechos 20:28 por favor? Puedes usar mi Biblia.

–Seguro.

Al pasarle la Biblia, Jamal dijo:

–Scott, debido a la amplia formación rabínica de Pablo, él sería una persona muy poco probable de atribuirle deidad a Jesús, de adorar a un hombre de Nazaret y llamarlo Señor. ¿No es cierto?[63]

Scott asintió.

–Tenlo en cuenta al leer lo que dice Pablo aquí.

–Lo haré, –dijo Scott–. Muy bien, aquí vamos: "Entonces cuídense a sí mismos y cuiden al pueblo de Dios. Alimenten y pastoreen al rebaño de Dios, su iglesia, comprada con su propia sangre."

–Gracias, Scott. ¿A la sangre de quién se estaba refiriendo Pablo aquí?

Scott siguió leyendo el texto para sí mismo.

–Aguarden un minuto. En estos versículos, ¿Por qué simplemente no lo llaman "Dios" a Jesús, como D-I-O-S?

Jamal respondió:

–La comunidad judía entendía estos otros títulos de deidad y los usaba. Pero Jesús es llamado Dios, como D-I-O-S, en algunos de estos. Scott. ¿Podrías leer Hebreos 1:8 por favor? El escritor de Hebreos llama a Cristo "Dios".

–No, prefiero no leer. Esto es ridículo, –dijo Scott.

–Dame la Biblia, –dijo Andrea–. Yo lo leeré. "Pero al Hijo le dice: ´Tu trono, oh Dios, permanece por siempre y para siempre. Tú gobiernas con cetro de justicia´."

Andrea le devolvió la Biblia a Jamal.

–Ahí tienes.

Mina habló.

–Aquí va uno de mis versículos preferidos. Es Colosenses 2:9: "Pues en Cristo habita toda la plenitud de Dios en un cuerpo humano." Y luego tenemos el santo patrón de los estudiantes de derecho, Tomás el incrédulo, que dijo: "No lo creeré a menos que vea las heridas de los clavos en sus manos, meta mis dedos en ellas y ponga mi mano dentro de la herida de su costado."[64]

Nick dijo:

–Sabes, yo me siento identificado con Tomás. El año pasado realmente quería pruebas. No tolero cuando algunos cristianos creen en cualquier cosa sin primero investigar un poco al respecto. Pero Tomás me motiva. Dijo: "Miren, no es algo que sucede todos los días, que alguien se levante a sí mismo de entre los muertos o que diga ser Dios encarnado. Si esperan que lo crea, necesito un poco de pruebas."

Mina continuó:

–Ocho días después, Tomás obtuvo sus pruebas. Escuchen esto:

Ocho días después, los discípulos estaban juntos de nuevo, y esa vez Tomás se encontraba con ellos. Las puertas estaban bien cerradas; pero de pronto, igual que antes, Jesús estaba de pie en medio de ellos y dijo: "La paz sea con ustedes." Entonces le dijo a Tomás:

–Pon tu dedo aquí y mira mis manos; mete tu mano en la herida de mi costado. Ya no seas incrédulo. ¡Cree!

–¡Mi Señor y mi Dios!–exclamó Tomás.[65]

–Jesús aceptó que Tomás lo reconociera como Dios, –observó Mina–. Él reprendió a Tomás por su incredulidad pero no por su adoración.

Mientras Jamal y Mina hablaban sobre la deidad de Cristo, Andrea sentía que estaba perdiendo una batalla que no podía ganar. Sus amigos eran inteligentes, no sólo metidos en una experiencia religiosa emocional. Sus argumentos estaban comenzando a convencerla de que Cristo no solamente era divino, sino que respaldó Sus afirmaciones a través de su resurrección. Igualmente, ella seguía teniendo sus dudas. ¿Si Dios era tan bueno y poderoso, por qué dejó que muriera su primo? ¿Por qué permitió que sus padres se divorciaran? ¿Por qué no detuvo a ese ex sacerdote de cometer…?

Mientras su mente vagaba, Andrea se preguntaba cómo sería la vida de diferente si ella depositara su confianza en Jesús. ¿Podría seguir divirtiéndose? ¿Qué pensaría su familia? Sus pensamientos dispersos de repente fueron interrumpidos.

–¿Qué piensas Andrea? –le preguntó Jamal.

—¿Sobre qué?

—¿Sobre la confesión de Tomás? —le preguntó Jamal.

—Hmmmm...supongo que es...interesante —respondió Andrea.

—¡Pues miren a quien tenemos aquí, a Jamal Washington! —gritó una voz desde el otro lado del aula.

Dieciséis

EL DOCTOR INGRAHAM NO ESTÁ CONFORME

TODOS SE DIERON VUELTA para ver a un hombre mayor, que tenía puesto un abrigo deportivo gris, caminar hacia ellos.

–Hola, doctor Ingraham, –dijo Brett.

–Hola, doctor Ingraham, –dijo Lauren–. Su presentación en nuestra reunión del club ateo hace dos semanas fue fascinante.

–Gracias, Lauren. Sólo espero que aquí el señor Washington no los esté adoctrinando a todos con su teología sectaria.

Clayton Ingraham le sonrió a Jamal.

—Quizás hayas convencido a Bill Peterson de que Jesús se levantó de entre los muertos, pero te aseguro que a mí no me convencerás.

Los sentimientos de Nick comenzaron a notarse y abrió la boca para hablar, pero Jamal le lanzó una rápida e inconfundible mirada. Respiró profundo y cerró la boca.

Sin parecer irritado en lo más mínimo, Jamal lo saludó con la mano y respondió amablemente:

—Doctor Ingraham, estoy agradecido de que haya venido y me gustaría extender la invitación para que nos acompañe. Nos reunimos aquí todos los miércoles a la noche y cuando usted llegó estábamos hablando de la deidad de Cristo. ¿Le compró un café?

—No gracias. Temo que me tengo que ir.

—Pues, puede venir en cualquier momento que guste. Usted y yo podríamos compartir nuestros puntos de vista y luego responder preguntas. Estoy familiarizado con sus posturas y creo que usted sabe dónde estoy yo parado con las mías ya que me ha escuchado enseñar.

—Oh, por supuesto que lo he escuchado. Puede que con tu atractivo emocional te ganes a algunos de nuestros estudiantes, pero te aseguro que a mí no me convencerás. Tu punto de vista proviene de una mentalidad cerrada y es intolerante.

¿Estás acusando a Jamal de tener una mentalidad cerrada y de ser intolerante, y sin embargo no estás dispuesto a escuchar lo que tiene para decir? ¿No se llama intolerancia eso? pensó Andrea.

—¿Doctor Ingraham, usted consideraría asistir a la próxima clase del doctor Peterson? —le preguntó Mina.

–¿Todos están hablando de eso, no es cierto? Bill ha sido un íntimo amigo mío durante ya varios años, con lo cual no me perdería esta oportunidad para poder apoyarlo. Pero eso no quiere decir que esté de acuerdo con él. Yo, personalmente, pienso que la muerte de su hermana lo afectó más de lo que se imagina.

–Me alegro de que usted estará allí doctor Ingraham. Y no se olvide de mi invitación para que nos acompañe los miércoles a la noche, –comentó Jamal.

Luego de retirarse el doctor Ingraham, el grupo siguió hablando, aunque el impulso de la discusión ya se había pasado. Jamal respondió algunas preguntas acerca del mal, las éticas del Antiguo Testamento y la resurrección, y luego le pidió a Lauren que compartiera su historia y que diera una razón por la que era atea.

Lauren aceptó de mala gana, y explicó como ella se había criado en una iglesia sin denominación en la que se enseñaba la Biblia versículo por versículo, pero había dejado de asistir después de que sus padres se habían divorciado. Dijo que a lo largo de la escuela secundaria aún oraba de vez en cuando, pero que con el tiempo dejó de hacerlo porque no tenía ningún resultado. Fue mientras estudiaba sobre la evolución y la antropología durante su segundo año en la Universidad Brown que se convenció que el ateísmo era real. Sin embargo, también admitió que estaría abierta a creer en Dios si había pruebas convincentes.

Mina habló brevemente acerca de las indicaciones de diseño a partir de la codificación y de la complejidad irreductible dentro de las estructuras del gen, y Lauren dijo que la apariencia de diseño no comprueba a Dios. Hubo una pausa en la conversación, así que se despidieron y se fueron.

Más tarde, mientras Nick llevaba a Jessica a su departamento en su vehículo, le contó lo que le pasó.

—Casi echo todo a perder cuando el doctor Ingraham se acercó a nuestra mesa.

—Casi, pero no lo hiciste. En realidad, Nick, yo valoro tu atrevimiento. Él fue bastante grosero con Jamal y sé que no tienes miedo de decir lo que piensas. Yo por lo general me siento demasiado intimidada como para decir algo.

—Jessica, yo creo que Andrea verdaderamente aprecia tu autenticidad y tu bondad. Mina sabe muchísimo y responde todas sus preguntas, pero pareciera que a Andrea le importara lo que *tú* piensas, aunque no hables demasiado de teología.

—Yo la quiero a Andrea. Yo diría más en estas charlas, pero es sólo que no tengo todas las respuestas a sus preguntas. Aprendí muchísimo de tan sólo escuchar. Aprecio que me hayas presentado a Mina y Jamal el año pasado.

—Aprendí mucho de ellos también.

—Oye. ¿Has recibido el correo electrónico de Susan Peterson? —le preguntó Jessica.

—¿Sobre lo del postre en su casa después de la clase del doctor Peterson?

—¡Sí! Tengo muchas ganas de ponerme al día. La señora Peterson me contó que también la invitó a Andrea. Creo que la llamaré en unos días y le diré que vaya con nosotros.

—Esa es una estupenda idea.

Diecisiete

LA CLASE DEL DOCTOR PETERSON ACERCA DE JESÚS

NICK Y JESSICA fueron invitados por el doctor Peterson a visitar los camarines por unos minutos antes de su clase. Estaban con él la señora Peterson, Jamal y dos periodistas que habían pasado para hacerle algunas preguntas al doctor Peterson. Luego de pasar diez minutos con los periodistas, el doctor Peterson levantó la vista y vio a un buen amigo acercarse hacia él.

—¡Clay! ¿Cómo estás?

Nick forzó una sonrisa rápida y miró a Jamal, quien tenía una sonrisa genuina en su rostro. *¿Cómo hace eso?* Se preguntaba Nick.

—¡Bueno, Bill Peterson, jamás pensé que llegaría este día, pero me alegra verte!

El vicepresidente, el doctor Clark Price, asomó la cabeza.

—Doctor Peterson, el auditorio está lleno de gente y es hora que comencemos. Yo daré la bienvenida, el decano Sánchez irá después con tu biografía y luego tendrás aproximadamente setenta minutos para dar tu clase. Trata de ir cerrando para las 8:15 así podemos tener quince minutos para recibir preguntas.

Unos minutos más tarde, el doctor Peterson comenzó.

"Gracias por esa cálida y amable introducción. Mis estimados colegas, estudiantes e invitados especiales, estoy profundamente agradecido que hayan decidido venir está noche. Durante estos próximos momentos juntos me gustaría compartir acerca de mi propio trayecto académico y personal, y más específicamente, contarles acerca de cómo mis creencias sobre el Cristo histórico han cambiado."

Mientras el doctor Peterson comenzaba su conferencia, Andrea notó lo silencioso que se había tornado el salón. Se sentó en la tercera fila con Jessica, Nick y Mina a su izquierda, y Brett, Lauren y Scott a su derecha. Aunque ella sabía que habría algo de desacuerdo en el público, tenía el presentimiento de que sus amigos del club ateo respetarían la presentación del doctor Peterson. También sabía que Scott no dudaría en hacer alguna que otra pregunta difícil al final. Andrea se preguntaba qué pensarían sus amigos si ella decidía poner su confianza en Cristo. En ese momento recordó todas las conversaciones que había tenido con Jamal, Nick y Mina, y a pesar de que no todas sus preguntas habían sido respondidas, parecía que el caso para el cristianismo se estaba volviendo más convincente que el ateísmo. Luego de reflexionar sobre sus propias dudas intelectuales, se concentró en la clase del doctor Peterson.

"Cuando yo era niño, mi madre nos llevaba a mi hermana y a mí a una iglesia presbiteriana en Nueva York. Inicialmente creí en Cristo durante mis primeros años de vida, pero me convertí en un escéptico en la escuela de postgrado cuando comenzaron a perturbarme las variaciones en los manuscritos papiros, o copias del Nuevo Testamento. Como estudiante, me sentía frustrado por el mal y la injusticia de este mundo, y me preguntaba por qué Dios permitiría tanta maldad. Mirando hacia atrás, creo que los filósofos que estudiaba, como Immanuel Kant, comenzaron a afectar mi forma de pensar. Me preguntaba si podíamos saber cualquier cosa más allá de nuestro mundo físico. Me quedé con una visión agnóstica de Dios y me dije a mí mismo que si Él existía, probablemente era deísta, no todopoderoso y probablemente no podía resolver el problema del mal. Durante algunos años, hasta pasé a ser ateo y traté de convencer a mis alumnos a que estuviesen en contra de Dios. Solía hablar de los males de las éticas del Antiguo Testamento, las duras palabras de Jesús y los asesinatos liderados por la gente religiosa.

"Aunque yo luchaba con el supuesto problema del mal, en realidad fue la admisión de la objetividad dentro del mal y la moral que comenzó a acercarme de nuevo a Dios varios años atrás. Luchaba con todas las formas de las éticas, utilitarismo cuantitativo y cualitativo, relativismo, como también las formas de éticas deontológicas, y descubrí que la mejor explicación para la moralidad objetiva era creer en un dios que era el estándar de todas las leyes morales.

"También algunos años atrás, después de varias conversaciones con un amigo filósofo ateo que se había apartado del ateísmo, me tomé un tiempo para estudiar la teoría del Diseño Inteligente escrita por autores como Francis Collins, William Dembski, Jonathan Wells y Michael Behe. Comencé a admitir la probabilidad de un diseño inteligente. Sin embargo, aún seguía siendo un escéptico con respecto a las Sagradas Escrituras y a los milagros en el Nuevo Testamento.

"Desafortunadamente, no solamente experimenté dudas, sino que seguía atacando las creencias de cualquier cristiano con el que me encontraba. Fue gracias a mí que mi esposa dejó de asistir a la iglesia. No sólo eso, sino que convencí a cientos, si no miles, de estudiantes a que dudaran de la autoridad de las Sagradas Escrituras. Me temo que he debilitado la fe de muchas personas. En realidad sé que lo he hecho.

"El invierno pasado, cuando me enteré de que mi hermana tenía un tumor cerebral, me tomé una licencia para ausentarme de la enseñanza e hice que mi asistente, Jamal Washington, me cubriera en varias de mis clases. Luego de viajar varias veces a Portland, mi esposa y yo decidimos quedarnos allí con mi hermana hasta que falleciera.

"Aquellos de ustedes que conocieron a mi hermana saben que no sólo ella creía en Dios, sino que vivía una vida cristiana. Su fe no era ciega. Recuerdo que Barbara leía la obra académica de N.T. Wright sobre la resurrección y que quería que debatiéramos sobre el tema. Yo sabía que no tendría ni la más remota posibilidad contra ella."

Varias personas del público se rieron y el doctor Peterson se detuvo por un momento.

"En su funeral, yo comencé a pensar más intencionalmente acerca de la posibilidad del cielo y las implicaciones de la resurrección en la vida después de la muerte. Estaba triste debido a su muerte y el pastor habló sobre las palabras de Pablo a la iglesia de Tesalonicenses. 'Para que no se entristezcan como los que no tienen esperanza,' dijo él,[66] y mientras escuchaba, me preguntaba si yo tenía algo de esperanza o no.

"Cuando terminó el funeral, me sorprendió ver que uno de mis estudiantes había asistido. Nick estaba en su primer año universitario el año pasado y tenía un voraz apetito por aprender. Aunque él se había criado yendo a la iglesia, él se había apartado de creer en la deidad de Cristo en gran parte a causa de mi enseñanza. Menos mal, que Nick no estaba satisfecho con mis objeciones hacia el cristianismo. Investigó lo que yo afirmaba, por su cuenta y al final volvió a la fe. No solamente eso, sino que tuvo el descaro de aparecer en el funeral de mi hermana y de decirme que Jesucristo me amaba y que murió por mí. Imagínense eso, por favor. ¡Un estudiante universitario de primer año sin una verdadera formación teológica desafiándome a mí, un profesor titular con treinta años de enseñanza, a ser abierto intelectualmente a la idea de la resurrección y de la vida después de la muerte! No me importaba admitirlo en ese entonces, pero su desafío despertó un fuego dentro de mí. Durante dos meses seguidos volví a investigar todo.

Revalué creer en la existencia de Dios y en la posibilidad de los milagros, e invertí tiempo actualizando mi investigación y reconsiderando las variaciones en los manuscritos. Finalmente, no tuve otra opción más que reconocer que el Nuevo Testamento es históricamente verdadero.

"Esta noche quiero compartir por qué yo creo que el testimonio de Jesucristo en los evangelios y las escrituras del Nuevo Testamento es fidedigno."

El doctor Peterson habló apasionadamente sobre la exactitud de las Sagradas Escrituras en cuanto a la abundancia y la temprana datación de los manuscritos de los evangelios. Mientras lo hacía, Nick le tomó la mano a Jessica. Él sabía que ella había estado orando por el doctor Peterson y que seguramente estaba orando en silencio por Andrea mientras él hablaba. Jessica le había guiñado el ojo a Nick cuando el doctor Peterson mencionó su nombre.

Dieciocho

JESÚS Y SU PADRE

DESPUÉS DE VEINTE MINUTOS de hablar acerca de la fiabilidad del Nuevo Testamento, el doctor Peterson enumeró varias referencias sobre las afirmaciones de la deidad de Cristo en la Biblia. También exploró las pruebas de la resurrección de Cristo. Andrea se dio cuenta de algunas cosas que decía eran parecidas a lo que estaba enseñando Jamal. El doctor Peterson siguió enseñando con un sentido de convicción y autoridad que jamás fue visto en sus clases.

"En el Evangelio de Juan hay una confrontación entre Jesús

y un grupo de líderes judíos. Se había desencadenado porque Jesús había curado a un paralítico un sábado. Los judíos tenían prohibido trabajar los sábados, por eso los líderes judíos lo acusaron por haber violado las reglas del día de descanso. Pero Jesús respondió: 'Mi Padre siempre trabaja, y yo también,' entonces 'los líderes judíos se esforzaron aún más por encontrar una forma de matarlo. Pues no sólo violaba el día de descanso sino que, además decía que Dios era su Padre, con lo cual se hacía igual a Dios.'"[67]

El doctor Peterson observó al doctor Clayton Ingraham y a algunos de los profesores que estaban sentados en la fila de adelante.

"Puede que algunos de mis colegas digan: 'Mira, Bill, no puedo ver como esto prueba algo. Jesús llamó a Dios Su Padre. ¿Y qué? Todos los cristianos llaman a Dios su Padre, pero eso no quiere decir que ellos estén diciendo ser Dios.'[68]

"Los judíos de la época de Jesús oyeron en Sus palabras un significado que ahora para nosotros no tiene tanta importancia. Cuando estudiamos un documento, debemos tener en cuenta el lenguaje, la cultura y ante todo la persona o las personas a las que se dirige el documento. En este caso, la cultura es judía, y las personas a las que el documento se dirige son los líderes religiosos judíos. Y algo de lo que dijo Jesús realmente les molestó. El texto dice: 'Entonces los líderes judíos se esforzaron aún más por encontrar una forma de matarlo. Pues no sólo violaba el día de descanso sino que, además, decía que Dios era su Padre, con lo cual se hacía igual a Dios.'"[69]

De nuevo, el doctor Peterson se dirigió directamente al doctor Ingraham y al resto de los profesores.

"¿Qué es lo que Él pudo haber dicho para provocar una reacción tan drástica? Muchos de ustedes no están de acuerdo con lo que estoy diciendo esta noche. ¡Sin embargo, espero que no traten de encontrar una forma de matarme! Por lo menos no todos ustedes…

Él hizo una pausa para sonreír mientras varios se reían, y luego continuó.

"Observemos el pasaje y veamos cómo los judíos entendían los comentarios de Jesús hace más de dos mil años en su propia cultura.[70]

"El problema de ellos fue que Jesús había dicho: 'mi Padre', no 'nuestro Padre'. De acuerdo con las reglas del lenguaje de ellos, el hecho de que Jesús usó esa frase significaba que Él se creía igual a Dios. Los judíos casi nunca se referían a Dios como 'mi Padre'. Y si lo hacían, cllos siempre restringían la expresión agregándole la frase 'en el cielo'. Sin embargo, Jesús no agregó esa frase. Él hizo una afirmación de la que no había forma que los judíos malinterpretaran cuando llamó a Dios 'mi Padre'.[71]

"No solamente Jesús reclamó tener igualdad con Dios como Su Padre, sino que también afirmó que Él era uno con el Padre. Durante la Fiesta de la Dedicación en Jerusalén, algunos de los otros líderes judíos se acercaron a Jesús y lo interrogaron sobre si Él era Cristo o no. Jesús concluyó Sus comentarios para con ellos diciendo: 'el Padre y yo somos uno.'[72] ¿Cómo reaccionaron ellos a eso? 'Una vez más las personas tomaron piedras para matarlo. Jesús dijo: Bajo la dirección de mi Padre, he realizado muchas buenas acciones. ¿Por cuál de todas ellas me van a apedrear?'[73]

"Ahora, algunos de ustedes se deben estar preguntando por qué los judíos reaccionaron tan mal a lo que Jesús había dicho con respecto a ser uno con el Padre. La estructura de la frase en griego nos da una respuesta. A.T. Robertson, el erudito griego más importante de su época, escribió que en griego, la palabra uno en este pasaje es neutra, no masculina, y que no indica uno en persona o propósito sino que más bien uno en 'esencia de la naturaleza'. Luego Robertson agrega: 'La nítida declaración es el punto culminante de las afirmaciones de Cristo sobre la relación entre él y el Padre. Esto provocó a los fariseos a tener una ira incontrolable.'"[74]

Diecinueve

¿QUIÉN DICES QUE SOY?

EL DOCTOR PETERSON ALZÓ la voz y miró directamente a aquellas personas en el auditorio.

"Amigos, Jesucristo afirmó ser Dios, y para Él es de suma importancia que los hombres y las mujeres crean que Él es quien es. O creemos en Él o no. No nos dejó ningún margen para otras alternativas débiles. Basado en lo que Jesús afirmó sobre sí mismo, si sus afirmaciones no eran verdad, tampoco podríamos decir que fue un buen hombre moral o un gran profeta. Esas opciones no están disponibles para nosotros, y Jesús nunca tuvo la intención de que estén.

"Como ya hemos establecido la historicidad de los evangelios del Nuevo Testamento, podemos descartar la posibilidad que Cristo es una leyenda. Ahora pasamos a las famosas palabras de C.S. Lewis, ex profesor de la Universidad de Cambridge, y ex agnóstico. El escribió:

> Estoy tratando de evitar que la gente diga una verdadera tontería que se suelen decir acerca de Él: "Estoy listo para aceptar que Jesús es un gran maestro moral, pero no acepto su afirmación de ser Dios." Eso es justamente lo que no debemos decir. Un hombre que fuese solamente un simple hombre y dijera el tipo de cosas que decía Jesús no sería un gran maestro moral. Él sería o un lunático, al mismo nivel en el que un hombre dice ser un huevo escalfado, o de lo contrario sería el mismo diablo del infierno. Debes hacer tu elección. O este hombre fue, y es, el Hijo de Dios; o es un loco o algo peor.
> Lo puedes tomar por tonto, puedes escupirlo y matarlo como a un demonio, o puedes caer a sus pies y llamarlo Señor y Dios. Pero no inventemos ninguna tontería condescendiente de que fue un gran maestro humano. Él no nos ha dejado esa opción. No tuvo la intención de hacerlo.[75]

El doctor Peterson dio vuelta la página de sus notas y dijo:

"En las palabras de Kenneth Scott Latourette, historiador del cristianismo de la Universidad de Yale:

> No son sus enseñanzas las que hacen que Jesús sea tan extraordinario, aunque estas serían suficientes como para que se merezca distinción. Es una combinación de las enseñanzas y del mismo hombre. Las dos no se pueden separar...Debería ser una obviedad para cualquier lector reflexivo de las documentaciones de los evangelios que Jesús se consideraba a sí mismo y consideraba a su mensaje como dos cosas inseparables. Él fue un gran maestro, pero también fue más que eso. Sus enseñanzas sobre el reino de Dios, sobre la conducta humana y sobre Dios fueron importantes, pero no podían divorciarse de él, desde su punto de vista, sin ser viciadas.[76]

El doctor Peterson continuó:

"Jesús afirmó ser Dios. Su afirmación debe ser o verdadera o falsa, y todos deberían darle la misma apreciación que Él esperaba de sus discípulos cuando les hizo la pregunta: 'Y ustedes, ¿Quién dicen que soy?'"[77]

Veinte

¿FUE JESÚS UN MENTIROSO?

"DAMAS Y CABALLEROS, si las afirmaciones de Jesús eran falsas, entonces tenemos dos alternativas. O Él sabía que eran falsas, o no lo sabía. Vamos a considerar cada posibilidad por separado y a examinar las pruebas.

"Si, cuando Jesús hizo sus afirmaciones, sabía que no era Dios, entonces estaba mintiendo y engañando deliberadamente a sus seguidores. Pero si Él era un mentiroso, entonces también era un hipócrita ya que les enseñaba a los demás a ser honestos cueste lo que cueste. Peor que eso, si estaba mintiendo, era un malvado porque

les decía a los demás que confiaran en Él con su destino eterno. En conclusión, también sería un tonto porque sus afirmaciones de que era Dios, de las cuales podría haber desistido para salvarse a sí mismo incluso en el último momento, lo llevaron a su crucifixión. Sin embargo, históricamente, sabemos que el carácter de Cristo fue impecable. Inclusive sus enemigos alababan su carácter. Pilato dijo: 'Yo no encuentro falla alguna en este hombre.'[78]

Mina bajó la mirada hacia la fila de estudiantes y notó que Andrea estaba tomando notas.

El doctor Peterson se acomodó los anteojos.

"William Lecky, uno de los historiadores más destacados de Gran Bretaña junto con un feroz oponente del cristianismo organizado, vio el efecto que tiene el verdadero cristianismo en el mundo. Escribió:

> Estaba previsto que el cristianismo le presentara al mundo un ideal, que a pesar de todos los cambios a lo largo de dieciocho siglos, ha inspirado los corazones de hombres con un amor apasionado; se ha demostrado capaz de actuar en todas las épocas, naciones, temperamentos y condiciones; no sólo ha sido el más alto patrón de virtud, sino que el más fuerte incentivo para su práctica...El simple registro de esos tres cortos años de vida activa (de Jesús) hizo más para regenerar y suavizar a la humanidad que todas las disquisiciones de los filósofos y todas las prédicas de los moralistas.[79]

Mientras el doctor Peterson hablaba, Andrea estaba orando en silencio: *"Jesús, yo sé que tu eres real. Por favor, perdóname. Creo en ti y te confiare mi vida."* Contuvo sus emociones y siguió escuchando.

El doctor Peterson fijó su mirada en las filas que estaban justo detrás de Andrea donde había varios estudiantes que tenían puestas remeras ateas.

"Saben, muchos de los 'Nuevos ateos' evitan el caso histórico de la fiabilidad del Nuevo Testamento. Por ejemplo, en el libro de Christopher Hitchens en el capítulo titulado *The Evil of the New Testament* [La maldad del Nuevo Testamento], él no proporciona fuertes argumentos en contra de la historicidad del Nuevo Testamento. ¿Cómo puedes llamar al Nuevo Testamento *perverso*? Cristo es el maestro más compasivo en la historia. Hitchens no refuta este hecho. Simplemente comenta algunas supuestas contradicciones y repite la obra popular y de nivel de Bart Ehrman que menciona que una porción de Marcos 8 no es la original.[80]¡Los teólogos cristianos han admitido esto durante años! Por cierto, Ehrman no descubrió esa idea por su cuenta. ¡Seguramente la aprendió de un evangélico! Su consejero evangélico, Bruce Metzger, un crítico textual, testificó que las copias del Nuevo Testamento que tenemos hoy en día se asemejan al original en un porcentaje extremadamente alto. Y si Ehrman quiere ser intelectualmente honesto con respecto a las conclusiones de su crítica textual académica, él también necesita admitir la muy alta precisión de las copias del Nuevo Testamento que tenemos hoy en la actualidad.

Con esta declaración, muchas personas del público comenzaron a aplaudir, aunque la fila de ateos y varios profesores se abstuvo. Jessica miró a su lado y se sorprendió al ver que Andrea estaba aplaudiendo.

"Pensar que Jesucristo es un mentiroso es algo extremadamente ilógico. El historiador Philip Schaff dijo:

> ¿Cómo en el nombre de la lógica, del sentido común y de la experiencia, podría un impostor, que era un hombre mentiroso, egoísta y depravado, haber inventado, y sostenido consecuentemente desde el principio hasta el final, el personaje más puro y más noble conocido en la historia con el más perfecto aire de verdad y realidad? ¿Cómo pudo haber concebido y llevado a cabo un plan de beneficencia incomparable, magnitud moral y sublimidad, y haber sacrificado su propia vida a causa de eso, frente a los más fuertes prejuicios de su gente y su época?[81]

Veintiuno

¿FUE JESÚS UN LUNÁTICO?

"ALGUIEN QUE VIVIÓ como vivió Jesús, enseñó como enseñó Jesús y murió como murió Jesús no pudo haber sido un mentiroso. Observemos otras alternativas. Si pensamos que es inconcebible que Jesús haya sido un mentiroso, ¿Entonces no pudo Él realmente haber pensado por error que era Dios? Después de todo, es posible ser sincero y estar equivocado al mismo tiempo. Pero debemos recordar que para que alguien erróneamente piense que es Dios, especialmente en el contexto de una cultura fuertemente monoteísta, y que luego les diga a los demás que su destino eterno

dependía en si creían en Él o no, no es una pequeña ilusión. Se necesita a un lunático delirante para pensar en algo así. ¿Existe la posibilidad de que Jesucristo estaba loco?[82]

–¡Sí!–gritó uno de los estudiantes que tenía puesta una remera roja que decía ateo.

–No, me temo que no, –continuó el doctor Peterson, manteniendo la calma.

"Hoy en día nosotros trataríamos a alguien que cree ser Dios de la misma manera en que trataríamos a alguien que cree que es Napoleón. Lo veríamos como alguien ingenuo y que se auto engaña. Tendríamos la preocupación de que no se hiciera daño a sí mismo ni a otros. Sin embargo, en Jesús no observamos esas anormalidades y esos desequilibrios que acompañan a un trastorno mental así. Si Él estaba demente, su porte y compostura eran nada menos que increíbles.[83]

"Déjenme leerles una observación hecha por el psicólogo Gary R. Collins:

> Jesús era amoroso pero no permitía que su compasión lo inmovilizara; él no tenía un ego inflado, a pesar que a menudo estaba rodeado de multitudes que lo adoraban; mantenía un equilibrio a pesar de llevar un estilo de vida que a veces se tornaba exigente; siempre sabía lo que hacía y a dónde iba; se preocupaba mucho por la gente, lo cual incluía a las mujeres y los niños, a los que no se los consideraba como importantes en ese entonces; tenía la capacidad de aceptar a la gente sin simplemente mirar para otro lado cuando se trataba de sus

> pecados; él respondía a los individuos en base al lugar a donde estaban y a lo que necesitaban específicamente. En definitiva, yo no veo señal alguna de que Jesús haya sufrido de ninguna enfermedad mental de la que sepamos… ¡Él estaba mucho más sano que cualquier otra persona que conozco, incluyéndome a mí![84]

El doctor Peterson levantó la vista de sus notas y dijo:

"Personalmente, no puedo deducir que Jesús fue un mentiroso ni un lunático. La única alternativa es que Él fue, y es, el Cristo, el Hijo de Dios, como Él lo afirmaba. Pero a pesar de la lógica y de las pruebas, a muchas personas les cuesta llegar a esa conclusión. Mi deseo es que puedas cambiar tu forma de pensar y confiar en Cristo en este mismo momento como tu Señor y Salvador. Esta noche, quiero pedirles perdón a todas aquellas personas a las que he llevado por un mal camino durante muchos de los años de enseñanza que tuve aquí en la Universidad Ópala. Mi orgullo académico evitó que examinara honestamente las verdaderas afirmaciones de Cristo y de los escritores de los evangelios. Fue también mi orgullo el que impedía que yo reconociera a Cristo como Señor de mi vida. Básicamente creo que quería manejar mi propia vida y ser mi propio dios. Hoy, quiero que reconsideres al verdadero Jesús que está en las Sagradas Escrituras.[85]

"Dos meses atrás, mi esposa Susan y yo confesamos nuestros pecados y aceptamos la muerte expiatoria de Jesucristo como pago por nuestros pecados. También lo confesamos como Señor de nuestras vidas. Si no conoces a

Jesucristo, te aliento a que pongas tu confianza en Él en este mismo momento. Será la decisión más sabia que harás en toda tu vida.

"Y ahora a *mí* se me acabó el tiempo y llego el momento para que *ustedes* me hagan preguntas."

El público aplaudió, y aproximadamente la mitad de ellos estaban de pie. Incluyendo a Andrea.

Veintidós

LAS PREGUNTAS DE LOS ATEOS Y LOS ESCÉPTICOS

MIENTRAS QUE EL PÚBLICO aclamaba, Price, el vicepresidente, caminó por el pasillo central con un micrófono en la mano y dijo:

—Vamos a tomar algunas preguntas del público.

Scott fue el primero en hacer una pregunta.

—Doctor Peterson, yo he escuchado que Constantino ejerció presión para enfatizar el concepto de deidad de Cristo en el Concilio de Nicea del cuarto siglo.

Scott regresó a su lugar y el doctor Peterson se acercó al micrófono.

–¿Estuviste leyendo novelas de Dan Brown? –preguntó el doctor Peterson, mientras varias personas en el auditorio se reían.

El doctor Peterson continuó:

–Este es el caso que he proporcionado esta noche. El Nuevo Testamento fue compuesto en el primer siglo, sólo una década después de los acontecimientos que rodearon a Jesús. Los libros del Nuevo testamento preceden al Concilio de Nicea por más de dos siglos. Aunque fueron escritos por diferentes personas y por diferentes razones, comparten un tema inconfundible. Jesucristo es Dios.

Un hombre mayor con barba hizo la siguiente pregunta:

–Doctor Peterson, ¿Puede proporcionar algún otro tipo de fuente que no esté en la Biblia para demostrar que Jesucristo fue considerado Dios?

–Por supuesto. Los padres antenicenos proporcionan apoyo adicional acerca de la deidad de Jesús. Yo documenté algunas de sus citas. Ignacio de Antioquía escribió en el año 110 d.C.: "Dios es la encarnación...Dios mismo que aparece en forma de hombre."[86]Justino Martir, que vivió desde el año 110 d.C. hasta el año 165 d.C., dijo sobre Cristo: "...siendo la Primogénita Palabra de Dios, incluso es Dios."[87]Ireneo, del año 177 d.C., declaró: "...el Padre es Dios y el Hijo es Dios; pues el que nació de Dios es Dios." Melito de Sardis escribió, alrededor del año 177 d.C., que Jesús era un hombre, pero sin embargo es Dios."[88]

El doctor Peterson continuó:

–Probablemente las pruebas más convincentes de que Jesús fue considerado divino antes de Nicea provienen de los escritores no cristianos. El satírico griego Luciano de

Samosata (c. 170 d.C.), Celso el filósofo Romano (c. 177), y el gobernador romano Plinio el Joven (c. 112) dejan bien en claro que los cristianos entendieron que Jesús era divino. Plinio persiguió a los cristianos porque ellos creían que Jesús era divino. Déjenme leerles un dicho de Plinio que documenté: "Ellos se habían reunido con regularidad antes del amanecer en un día fijo para cantar versos alternadamente entre ellos en honor a Cristo como si fuese para un dios."[89]

Veintitrés

¿ME LO PUEDES COMPROBAR CIENTÍFICAMENTE?

LUEGO DE VARIAS preguntas más, Lauren, la amiga de Andrea, tomó el micrófono y habló con fuerza:

–Hola, mi nombre es Lauren. Sólo me preguntaba acerca de todas estas cosas sobre Dios, Jesús y la resurrección. ¿Me lo puedes comprobar científicamente?

El doctor Peterson sólo respondió:

–No, no puedo.

Andrea podía oír las risas de sus amigos ateos detrás de ella. Su amigo Sam, que estaba sentado algunas filas más atrás que ella, gritó:

–¡Entonces no nos vengas a

hablar acerca de eso! ¡Ustedes los religiosos no tienen nada más que una fe ciega!

El doctor Peterson sonrió al oír los comentarios y con calma comenzó a hablar.

"Las pruebas científicas se basan en demostrar que algo es un hecho a través de repetir el suceso en presencia de la persona que duda con respecto al hecho. Se lleva a cabo en un ambiente controlado donde se pueden hacer observaciones, recabar información y verificar la hipótesis empíricamente."[90]

–¿De verdad sabes algo acerca de la ciencia? –gritó otro estudiante.

"Pues, no soy científico, pero puede que sepa más de lo que te imaginas. Pensé en dedicarme a eso como carrera cuando me especialicé en física y biología mientras era un estudiante de la Universidad de Harvard, y hoy en día sigo leyendo varias revistas científicas porque me gusta. Probar la verdad de una hipótesis a través del uso de experimentos controlados es una de las técnicas claves del método científico moderno. Por ejemplo, alguien afirma que el jabón de marfil no flota. Yo afirmo que sí flota, entonces para comprobar lo que digo, llevo a la persona que duda a la cocina, coloco 20.32 centímetros cúbicos de agua en la pileta a 28.16 grados, y dejo que el jabón caiga adentro de la pileta. *¡Plaf!* Hacemos observaciones, obtenemos información y verificamos la hipótesis empíricamente: el jabón de marfil flota."[91]

El doctor Peterson continuó:

"Si el método científico fuera el único método que tuviésemos para demostrar los hechos, no podrías comprobar que almorzaste hoy. No hay forma que puedas repetir el suceso en una situación controlada. Por suerte, el otro método para comprobar, el método histórico legal, se basa en demostrar innegablemente que algo es un hecho. Para decirlo de otra forma, llegamos a un veredicto sobre el peso de las pruebas y no tenemos ninguna base racional para dudar con respecto a la decisión. Las pruebas históricas legales dependen de tres tipos de testimonios: testimonio oral, testimonio escrito y pruebas (como un arma, una bala o un cuaderno). Al usar el método histórico legal para determinar los hechos, podrías comprobar indudablemente que fuiste a almorzar hoy. Tus amigos te vieron allí, el camarero recuerda haberte visto, tienes la cuenta del restaurante y tienes una mancha en tu camisa.[92]

"Lauren, el método científico se puede utilizar para comprobar sólo cosas que se repiten. No es suficiente para comprobar o refutar dudas acerca de personas o sucesos en la historia. El método científico no es apropiado para responder preguntas como: *¿Vivió Abraham Lincoln? ¿Fue Martin Luther King Jr. un líder de los derechos civiles? ¿Quién fue Jesús de Nazaret? ¿Fue Cristóbal Colon una persona de verdad? ¿Jesucristo se levantó de entre los muertos?* Estas preguntas están fuera del campo de las pruebas científicas y debemos ponerlos dentro del campo de las pruebas histórico legales."[93] Gracias.

Los estudiantes aplaudieron una vez más.

El doctor Price pasó al podio, le dio la mano al doctor Peterson y le agradeció por haber dado la clase. Este había sido uno de los acontecimientos más sorprendentes y estimulantes que había experimentado la universidad en los últimos años.

Veinticuatro

BUENAS NOTICIAS EN LO DE LOS PETERSON

ALREDEDOR DE UNA HORA MÁS TARDE, aproximadamente veinte estudiantes y algunos miembros del cuerpo docente estaban afuera de la casa de los Peterson festejando el discurso que había dado el doctor Peterson. El doctor Peterson le pidió a su esposa que comparta su historia, y los estudiantes se encariñaron con su amable forma de ser. Ella dijo que el amor de Dios hizo que llegara a la fe en Cristo. Los estudiantes escuchaban con mucha atención mientras compartía que su experiencia religiosa no fue tan intensamente intelectual como la del doctor Peterson. Sintió una convicción

con respecto a su egoísmo y percibió que Dios estaba buscando tener relación con ella. Él la amaba.

Para sorpresa de todos, cuando la señora Peterson terminó habló Andrea.

–Siento que no solamente les tengo que agradecer a los Peterson, sino que también a Jessica, Mina, Jamal y Nick por ser tan pacientes conmigo y mostrarme el amor de Dios. Quiero que todos sepan que esta noche, mientras el doctor Peterson estaba hablando, yo puse mi confianza en Dios.

Luego de sus palabras, Jamal lideró con una fuerte ovación mientras Mina y Jessica abrazaban a Andrea.

Brett, que se sentía incómodo con todos estos cristianos a su alrededor que parecían tener tanta certeza sobre Dios y tanto afecto el uno por el otro, aún tenía sus dudas. *Mucho de lo que estas personas dicen tiene sentido, pero no me voy a meter en esto de la fe sin primero tener mucho más tiempo para investigar y para pensarlo.*

–Yo también quiero agradecerles a todos, –dijo Brett educadamente–. Yo he sido ateo casi toda mi vida, pero gracias a sus razones intelectuales, junto con las revelaciones que he aprendido de Jamal, ahora estoy comenzando a creer que Cristo realmente vivió. Sólo que todavía no estoy listo para convertirme en un cristiano religioso como Andrea. Aún sigo teniendo muchas dudas, especialmente acerca de la resurrección.

–¿Cómo cuales? –le preguntó el doctor Peterson.

–Este… realmente no quiero hablar de eso ahora. Después de todo, yo soy la minoría.

Él sonrió y el doctor Peterson también.

–Entiendo, Brett. Si en algún momento tienes ganas de hablar, llámame por teléfono o vé por mi oficina por favor.

–Gracias, –respondió Brett–. Quizás acepte su propuesta…en algún momento.

Notas

1 Colosenses 1:15-20

2 Testimonio en video encontrado en www.iamsecond.com; usado con permiso.

3 Christopher Hitchens, *God Is Not Great: How Religion Poisons Everything* (Nueva York: Hachette, 2007), 111.

4 Bertrand Russell, *Why I Am Not a Christian* (Nueva York: Simon & Shuster, 1957), 16.

5 Hitchens, *God Is Not Great*, 114.

6 Dinesh D´Souza, *What´s So Great About Christianity* (Washington, DC: Regnery, 2007), 296.

7 1 Corintios 15:14

8 Otto Betz, *What Do We Know About Jesus?* (Norwich, Reino Unido; SCM Press, 1968), 9.

9 D´Souza, *What´s So Great About Christianity*, 296.

10 Ibídem, 295.

11 Richard Dawkins, *The God Delusion* (Nueva York: Houghton Mifflin, 2006), 51.

12 D´Souza, *What´s So Great About Christianity*, 218.
13 Hitler´s *Table Talk* (Nueva York: Enigma Books, 2000). Citado por D´Souza, *What´s So Great About Christianity*, 218.
14 Adolf Hitler, *Mein Kampf* (Boston: Houghton Mifflin, 1999), 65. Citado por D´Souza, *What´s So Great About Christianity*, 217.
15 Adaptado del contenido de D. James Kennedy y Jerry Newcombe, *What if Jesus Had Never Been Born?* (Nashville: Thomas Nelson, 1994).
16 Para más información sobre la confiabilidad del Nuevo Testamento, ver el primer libro de estas series de Crónicas del Café, *Is The Bible True...Really?*
17 Thomas Paine, *Collected Writings*, ed. Eric Foner (Nueva York: The Library of America, 1995), 9.
18 F.F. Bruce, *The New Testament Documents: Are They Reliable?* (Downers Grove, IL: InterVarsity Press, 1972), 119.
19 Gary R. Habermas, *The Verdict of History* (Nashville: Thomas Nelson, 1988), 87.
20 Ibídem.
21 Cornelius Tacitus, *Annals* (Chicago. William Benton, 1952), XV, 44.
22 Lucian de Samosata, *The Death of Peregrine, en The Works of Lucian of Samosata*, 4 vols., trad. H. W. Fowler y F. G. Fowler (Oxford: The Clarendon Press, 1949), 11-13.
23 Ibídem.
24 Lucian, *"Life of Claudius*", en *The Works of Lucian of Samosata,* 25.4.
25 Suetonius, *Lives of the Caesars*, 26.2.
26 Plinio el Joven, *Epistles X.*
27 Ibídem.
28 Habermas, *The Verdict of History*, 93.
29 Julius Africanus, *Chronography*, 18.1.
30 Bruce, *The New Testament Documents*, 113.
31 Ibídem, 123.
32 Habermas, *The Verdict of History*, 119.
33 "Yo recibí del Señor lo mismo que les transmití a ustedes: Que el Señor Jesús, la noche en que fue traicionado, tomó pan, y después de dar gracias, lo partió y dijo: "Ese pan es mi cuerpo, que por ustedes entrego; hagan esto en memoria de mí". (1 Corintios 11:23-24).

34 Habermas, *The Verdict of History*, 121.
35 1 Corintios 15:3-5 (LBLA)
36 1 Corintios 15:11 (LBLA)
37 David Hume, *Enquiries Concerning Human Understanding and Cocerning the Principles of Morals*, 3er ed. (Oxford: The Clarendon Press, 1992), 144-146, 14.
38 Ronald H. Nash, *Faith and Reason* (Grand Rapids: Zondervan, 1988), 230.
39 Norman L. Geisler, *Miracles and the Modern Mind* (Grand Rapids: Baker, 1992), 27-28.
40 Ibídem.
41 Geisler, *Miracles and the Modern Mind*, citado por R. Douglas Geivett y Gary Habermas (Downers Grove, IL: InterVersity Press, 1997), 78-79.
42 Nash, *Faith and Reason*, 234.
43 Mateo 10:32-33
44 Marcos 2:5 NTV; también ver Lucas 7:48-50
45 Isaías 43:25
46 Marcos 2:7
47 Lewis Sperry Chafer, *Systematic Theology* (Dallas: Dallas Theological Seminary Press, 1947), 5:21.
48 Mateo 4:10 NTV
49 Robert M. Bowman y J. Ed Komoszewski, *Putting Jesus in His Place: The Case for the Deity of Christ* (Grand Rapids: Kregel, 2007), 246-47.
50 Marcos 14:60-64, cursivas añadidas
51 Josh McDowell y Sean McDowell, *More Than a Carpenter* (Carol Stream, IL: Tyndale, 2009), 19-20.
52 Marcos 14:63
53 McDwell y McDowell, *More Than a Carpenter*, 22.
54 Robert Anderson, *The Lord from Heaven* (Londres: James Nisbert, 1910), 5.
55 Mateo 27:43
56 Henry Barclay Swete, *The Gospel According to St. Mark* (Londres: Macmillan, 1898), 339.
57 Irwin H. Linton, *The Sanhedrin Verdict* (Nueva York: Loizeaux Bros., 1943), 7.

58 Mateo 27:41-43 NTV
59 McDowell y McDowell, *More Than a Carpenter, 10.*
60 Tito 2:13 RV
61 Mateo 4:10 NTV
62 Mateo 16:17
63 McDowell y McDowell, *More Than a Carpenter,* 12.
64 Juan 20:25 NTV
65 Juan 20:26-28 NTV
66 Ver 1 Tesalonisenses 4:13
67 Ver Juan 5:16 NTV
68 McDowell y McDowell, *More Than a Carpenter*, 14.
69 Juan 5:18 NTV
70 McDowell y McDowell, *More Than a Carpenter*, 14.
71 Ibídem, 15.
72 Juan 10:30 NTV
73 Juan 10:31-32 NTV
74 Archibald Thomas Robertson, *Word Pictures in the New Testament* (Nueva York: Harper & Brothers, 1932), 5:186.
75 C.S. Lewis, *Mere Christianity* (Nueva York: Macmillan, 1960), 40-41.
76 Kenneth Scott Latourette, A History of Christianity (Nueva York: Harper & Row, 1953), 44, 48.
77 Mateo 16:15 NTV
78 McDowell y McDowell, More Than a Carpenter, 30.
79 William E. Lecky, *History of European Morals from Augustus to Charlemagne* (Nueva York: D. Appleton, 1903), 2:8-9.
80 Hitchens, *God Is Not Great*, 120-21.
81 Phillip Schaff, *The Person of Christ* (Nueva York: American Tract Society, 1913), 94-95.
82 McDowell y McDowell, *More Than a Carpenter,* 33.
83 Ibídem.
84 Gary R. Collins, citado en Lee Strobel, *The Case for Christ* (Grand Rapids: Zondervan, 1988), 147.
85 McDowell y McDowell, *More Than a Carpenter*, 36.
86 James A. Kliest, *The Epistles of St. Clement of Rome and St. Ignatius of Antioch,* "A los Efesios" (Ramsey: Paulist Press, 1978).
87 Alexander Roberts, *The Ante-Nicene Fathers, vol. I* (Grand Rapids: Eerdmans, 1993), 184.

88 Joseph P. Smith, St. Irenaeus: *Proof of the Apostolic Preaching* (Ramsey: Paulist Press, 1978), cap. 47.

89 Pliny, Letters and Panegyricus, trad. *Betty Radice, Loeb Classical Library* (Cambridge: Harvard University Press, 1969), 10.96 (2.289).

90 McDowell y McDowell, *More Than a Carpenter*, 42.

91 Ibídem, 43.

92 Ibídem.

93 Ibídem.

AGRADECIMIENTOS

NOS GUSTARÍA agradecerle a Randall Payleitner, nuestro editor de absorción en *Moody Publishers,* por su extenso trabajo y por su excelente servicio para ayudar a hacer posible este libro. También, le agradecemos a Paul Santhouse por ser un excelente editor, a Clay Sterrett (el padre de Dave) y a Melisa Kibby por haber leído el manuscrito inicial y por habernos proporcionado comentarios, correcciones y apoyo.

Los autores están agradecidos por el permiso para poder utilizar los siguientes materiales que fueron registrados como propiedad literaria:

¿ES LA BIBLIA VERAZ?
UN DIÁLOGO SOBRE DIOS, EL HOMBRE Y LA GRACIA
La fe de Nick está siendo sacudida.Por primera vez en su vida, él está haciéndose preguntas acerca de su fe, preguntas reales a las que no tiene respuesta:
¿El cristianismo tomó conceptos prestados de la mitología pagana?
¿Hay errores en la Biblia?
¿Cuándo fue el Nuevo Testamento escrito realmente?
¿Qué pasa con los "otros" evangelios?
¿ES LA BIBLIA VERAZ?
[UN DIÁLOGO SOBRE EL ESCEPTICISMO, LAS EVIDENCIAS Y LA VERDAD]
JOSH MCDOWELL Y DAVE STERRETT
ISBN: 978-158802-690-3
EDITORIAL PATMOS
info@editorialpatmos.com
PÍDALO A SU LIBRERO O DISTRIBUIDOR
www.editorialpatmos.com